¿Qué Hay?

Libro 1

del Alumno

Christine Haylett

Jeffrey Britton

Margaret Leacock

Yorley Méndez

Ariola Pasos

Georgia Pinnock

Angie Ramnarine

Lesbia Tesorero

T0355079

OXFORD

Contenido

Key to symbols

Reading activity Writing activity New material

Listening activity Speaking activity

 All audio can be found at **www.oxfordsecondary.com/que-hay-audio**

Track: 1

Guía de pronunciación

a	as in cat	**casa**
e	as in egg	**elefante**
i	like **ee** in seed	**chica**
o	as in pot	**ropa**
u	like **oo** in pool	**pupitre**
b	as in big	**bota**
c	before **a, o, u** as in cat	**canguro**
c	before **e, i** in Spain like **th** in thin	**cinco**
	in Latin America like **s** in set	
ch	like **ch** in cheese	**chico**
d	at start of word and after **n** or **l** *similar* to **d** in den but moving the tip of your tongue behind your upper teeth	**día, cuando, toldo**
d	between vowels and elsewhere like **th** as in this	**adiós**
	at end of word like **th** in thin	**Madrid**
f	as in few	**falda**
g	before **a, o, u** as in get	**gato**
g	before -e, -i as in **h** in heel	**gigante**
gu	before **e, i** like **g** in get	**guitarra**
h	always silent	**hola**
j	as in **h** in hook	**jugo**
k	as in kick	**kilo**
l	as in long	**Lola**
ll	in Spain as **lli** in billion; in Latin America, Canaries, and southern Spain like **j** in judge or **g** in gym	**llama**
		llama, llave

m	as in monkey	**mano**
n	as in never	**nada**
ñ	like **ny** in canyon	**mañana**
p	as in pencil	**pizarra**
qu	like **k** in kitten	**que**
r	between vowels or at end of word as in ring	**para** **hablar**
	at beginning of word, rolled	**rubio**
rr	rolled as in curry	**perro**
s	as in since	**casa**
t	as in tan	**tarta**
v	like **b** in bay	**vivo**
w	(**w** is not a true phoneme of the Spanish language. All words with **w** are foreign in origin and are pronounced the same as English.)	
x	at beginning of word like **s**	**Xochimilco**
	before a consonant like **s**	**extra**
	between vowels like **ks**	**taxi**
	in some words like **ch** in loch	**mexicano**
y	like **j** in judge or **g** in gym	**yo**
y	like **ee** in seed when **y** means *and*, or at the end of a word	**¿y tú?** **Uruguay**
z	in Spain like **th** in thin in Latin America, Canaries and southern Spain like **s** in set	**zanahoria**

Track: 2

El alfabeto español

a	like **[a]** in apple	f	**[effay]**	m	**[emay]**	s	**[essay]**
b	a cross between **[b]** and **[v]** **[bvay]**	g	**[hay]**	n	**[enay]**	t	**[tay]**
		h	**[achay]**	ñ	**[enyay]**	u	**[oo]**
c	**[say]**	i	**[ee]**	o	like **[o]** in hot	v	**[oobvay]**
ch	**[tchay]**	j	**[hota]**	p	**[pay]**	w	**[oobvay doblay]**
d	a cross between **[d]** and **[th]** **[dthay]**	k	**[ka]**	q	**[koo]**	x	**[ekees]**
		l	**[elay]**	r	**[eray]**	y	**[eegreeyayga]**
		ll	**[elyay]**	rr	**[erray]**	z	**[seta]**
e	**[ay]**						

Note
ch, ll and rr are no longer part of the Spanish alphabet but they are included here for pronunciation purposes.

Common classroom instructions

The following are commonly used classroom commands.
Two forms are given, singular (familiar) and plural.

Levántate/Levántense

Stand up

Escucha/escuchen (el diálogo)

Listen to (the dialogue)

Siéntate/siéntense

Sit down

Escribe/escriban (el ejercicio)

Write (the exercise)

Abre/Abran (el libro)

Open (the book)

Habla/hablen (con tu/su compañero de clase)

Speak with your classmate

Cierra/cierren (la ventana)

Close (the window)

Mira/miren (la pizarra)

Look at (the board)

Lee/lean (el texto)

Read (the text)

Toma/tomen (el cuaderno)

Take (the exercise book)

El español – lengua mundial

437 millones de personas hablan español.

Un 17 por ciento de la población de los Estados Unidos habla español.

El español es la lengua oficial en 21 países.

La Organización de las Naciones Unidas

*ONU: Organización de Las Naciones Unidas
(United Nations Organization – UN)
UE: Unión Europea (European Union – EU)
OEA: Organización de Estados Americanos (Organization of American States – OAS)

UNIDAD 1
El español en el mundo

In this unit you will:
- explore and discuss the Spanish-speaking world
- learn the Spanish alphabet
- learn numbers 1–20

Listen and read.

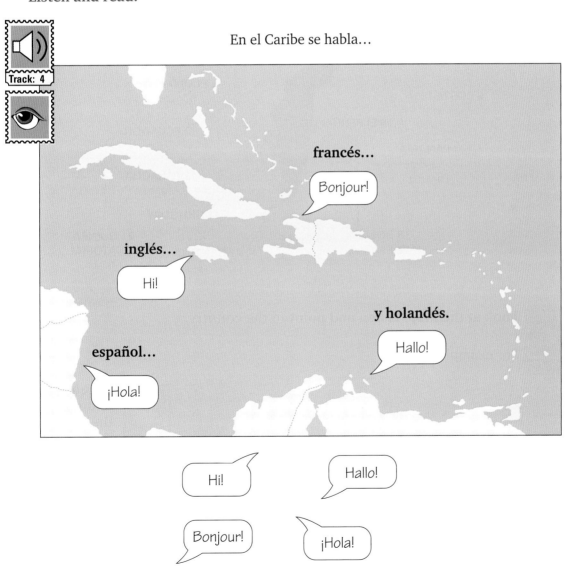

En el Caribe se habla…

francés…
Bonjour!

inglés…
Hi!

y holandés.
Hallo!

español…
¡Hola!

Hi!

Hallo!

Bonjour!

¡Hola!

1 MÉXICO
Ciudad de México

20 ESPAÑA
Madrid

2 GUATEMALA
Ciudad de Guatemala

19 CUBA La Habana

18 REPÚBLICA DOMINICANA
Santo Domingo

17 PUERTO RICO
San Juan

3 El SALVADOR
San Salvador

16 VENEZUELA
Caracas

4 HONDURAS
Tegucigalpa

15 NICARAGUA
Managua

14 COLOMBIA
Bogotá

5 COSTA RICA
San José

6 El PERÚ
Lima

13 ECUADOR
Quito

7 PANAMÁ
Ciudad de Panamá

12 PARAGUAY
Asunción

11 URUGUAY
Montevideo

8 BOLIVIA
La Paz/Sucre

9 CHILE
Santiago

10 ARGENTINA
Buenos Aires

21 GUINEA ECUATORIAL
Malabo

 Look at the map. Listen and point to the country.

For example: Cuba

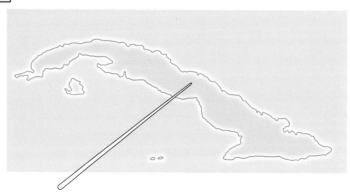

 Listen again and repeat the name of the country.

Look at the map on page 8 and listen to your teacher. To which country is he/she referring?

¿Qué país es 1?

Es México.

Listen to the six statements. True or false?

Pair up the two halves of each sentence. Then write the correct sentences.

For example: 1 Santo Domingo es la capital de la República Dominicana.

1 Santo Domingo es la capital de...

2 Tegucigalpa es la capital de...

3 Caracas es la capital de...

4 Montevideo es la capital de...

5 Madrid es la capital de...

a ...España.

b ...Uruguay.

c ...Honduras.

d ...la República Dominicana.

e ...Venezuela.

Gramática

Did you notice that the names of some countries stand on their own, for example: *Colombia*? Other countries have *el* or *la* before the name, such as: *El Perú* and *El Salvador*.

Some of these are countries which have two parts to their name, for example: *la República Dominicana* and *los Estados Unidos*.

VOCABULARIO

el	*the (for a masculine noun)*
la	*the (for a feminine noun)*

Reorder the words to make proper sentences.

For example: 1 La Habana es la capital de Cuba.

1 Cuba la es capital de Habana La

2 es Managua Nicaragua capital de la

3 Bolivia es capital la Paz La de

4 la es de capital Asunción Paraguay

5 capital Lima es del la Perú

6 Santiago es Chile de la capital

Nota Cultural

How much do you know about some of the capital cities of Spanish-speaking countries?

MADRID – the capital of Spain – is situated in the centre of the country. It has a population of 3 million. Madrid is Europe's highest capital city. It enjoys hot sunny days in summer and cold but generally sunny days in winter.

MEXICO CITY – the capital of Mexico – is a city with one of the largest populations in the world, with approximately 21 million inhabitants. It is a city of many contrasts, from the ancient Aztec pyramids to the modern skyscrapers of the business districts.

BUENOS AIRES – the capital of Argentina – is a thriving modern city in which some 13 million people, almost a third of Argentina's population, live. The city is home to the descendants of the many European immigrants who arrived in the 20th century.

SUCRE and **LA PAZ** are the two capital cities of Bolivia. La Paz is the largest city and seat of government, and is considered the main capital. It is situated at an altitude of 3,660 metres, causing many who visit to suffer altitude sickness.

Why not find out about others?

Listen and repeat.

1 uno

2 dos

3 tres

4 cuatro

5 cinco

6 seis

7 siete

8 ocho

9 nueve

10 diez

Actividad · Actividad · Actividad · Actividad

5

Write the order of the athletes in the race.

For example: dos, cinco, …

Listen and repeat.

11 once

12 doce

13 trece

14 catorce

15 quince

16 dieciséis

17 diecisiete

18 dieciocho

19 diecinueve

20 veinte

Gramática

What did you notice about the numbers 1–20? Up to 15 (*quince*) the numbers are all different. From 16 onwards you see two numbers in each word, though they are written as one word:

dieciséis   *diecisiete*   *dieciocho*   *diecinueve*

Did you notice anything else different? Note the written accent on *dieciséis*.

Actividad 6

Look at page 8. Take turns with your classmate to ask and answer.

For example:

> ¿Qué número es Chile? Es 9.

> ¿Qué país es el número catorce? Es Colombia.

21 = veintiuno

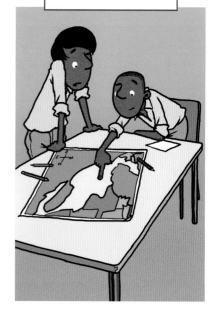

When we need to add or subtract, we use these words:

más +
menos –
son (es) =

Make up some sums using numbers 1–20. Have your classmate check if they are correct or not.

For example: ¿Cuántos son catorce menos cuatro?
Catorce menos cuatro son nueve. ¿Correcto?

Play bingo in a group. Make a grid of six squares, with a number from 1–20 in each square. A classmate calls out any number 1–20 in a random order.

Trece

4	13	9
10	3	17

Match each sum with its correct written version.

1 5 + 6 = 11

    a   seis más siete son once
    b   seis menos siete es uno
    c   seis más siete es uno
    d   cinco más seis son once

2 15 – 12 = 3

    a   catorce menos doce son trece
    b   catorce más dos son tres
    c   quince menos once son dos
    d   quince menos doce son tres

3 13 – 8 = 5

    a   tres menos ocho son quince
    b   trece menos ocho son cinco
    c   trece más once son quince
    d   tres más ocho son once

4 2 + 9 = 11

    a   doce más nueve es uno
    b   doce más nueve son diez
    c   dos más nueve son once
    d   dos más once son nueve

5 10 + 4 = 14

    a   catorce menos cuatro son diez
    b   diez más cuatro son catorce
    c   cuatro menos diez son catorce
    d   doce más cuatro son catorce

Make up some sums of your own, using numbers 1–20, and write the sum in words.

Listen and repeat the vowel sounds.

a o i e u Perú

 e i u o a Bogotá

a e u o i San Luis Potosí

 u e a i o México

o u a i e Chile

Listen and repeat the Spanish alphabet. If it helps, look at *Guía de pronunciación* on page 3.

Trabalenguas

The following tongue twister will help you practise all the vowel sounds.

Mi mamá me mima.
Yo mimo mucho a mi mamá.

It translates as: 'My mum spoils me. I spoil my mum a lot'.

Listen and write down the letters. What are the five words?

How do you spell your first name?

M–i–g–u–e–l

M–a–r–l–e–n–e

How do you spell your surname?

G–o–n–z–á–l–e–z

W–i–l–l–i–a–m–s

Practise the 'erre' sound with the following drill.

Roberto corre por la carretera.

Remember the different 'l' and 'll' sounds?
Me llamo Alicia.

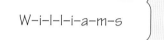

You are on a school outing with 19 fellow students. The teacher asks you to tell him how many of you there are. Imagine you have to do a head count of the group. What do you say in Spanish?

Read the following passage and answer the questions.

En el mundo hispano hay 21 países de habla española. 437 millones de personas hablan español en el mundo. El español es el número 3 en la lista de las lenguas que hablan las personas en todo el mundo (1 es el chino mandarín; 2 el inglés). En los Estados Unidos un 17 por ciento de la población es hispana. El español es una lengua muy importante.

1 How many countries of the world speak Spanish?

2 What is the total number of Spanish speakers in the world?

3 Where is Spanish ranked in the list of most widely spoken languages?

4 What percentage of the US population is Hispanic?

You need a dice or hexagonal spinner and a counter each.

Take turns with your classmates. Start with your counters on square 1.
Throw the dice.
Move forward and read the question.
Answer the question.
Not sure?
Check with your teacher.
Correct?
Go forward two squares.
Incorrect?
Go back two squares.
Now it's your classmate's turn.

VOCABULARIO

la lengua	language
el país	country
la población	population
se habla	(it) is spoken
es	(it) is
el número	number
son	(they) are
¿cómo?	how?
más	plus
menos	minus
¿cuál?	which?
¿cuántos?	how many?
se escribe	(it) is written
tu nombre	your name

1. ¡Hola!	**2.** ¿Cuál es la capital de España?	**3.** ¿Cuánto es quince más tres?	**4.** ¿Montevideo es la capital de qué país?	**5.** ¿Cómo se escribe la capital de Venezuela?	**6.** ¿Cuánto es veinte menos seis?
12. ¿Cuánto es tres más diez?	**11.** ¿Cuál es la capital de Argentina?	**10.** ¿Cuál es la capital de Bolivia?	**9.** ¿Santiago es la capital de qué país?	**8.** ¿Cuál es la capital de Cuba?	**7.** ¿Cuánto es uno más once?
13. ¿Quito es la capital de qué país?	**14.** ¿Cuál es la capital de Puerto Rico?	**15.** ¿Santo Domingo es la capital de qué país?	**16.** ¿Cuánto es tres más tres?	**17.** ¿Cuánto es tres más cuatro?	**18.** ¿Cuál es la capital de Nicaragua?
24. ¿Cuánto es once menos dos?	**23.** ¿San Salvador es la capital de qué país?	**22.** ¿Cuál es la capital de Guatemala?	**21.** ¿Cuánto es veinte menos ocho?	**20.** ¿Cuál es la capital de Costa Rica?	**19.** ¿Tegucigalpa es la capital de qué país?
25. ¿Cuánto es seis más cuatro?	**26.** ¿Cómo se escribe la capital de Chile?	**27.** ¿Cuánto es siete menos cuatro?	**28.** ¿Cuál es la capital de Guinea Ecuatorial?	**29.** ¿Cuánto es nueve menos dos?	**30.** ¿Cómo se escribe tu nombre?

¡FELICITACIONES!
¡FIN!

Hola, ¿qué tal?

In this unit you will:
- practise what to say when you meet and greet people at different times of the day
- enquire how someone is and use a range of ways to answer
- introduce someone and respond

¡Hola!

Track: 12

Listen and read.

1

¡Hola!

¡Hola!

¡Hola!

2

Buenos días, alumnos.

Buenos días, señor.

3

Buenas tardes.

Buenas tardes, señor.

4

Hola, Mamá.

Hola, cariño.

5

Buenas noches.

Buenas noches.

Listen and repeat.

¡Hola!

Buenos días. 6 a.m. – 12 p.m.

Buenas tardes. 12 p.m. – 6 p.m.

Buenas noches. 6 p.m. → These times may be different in your region.

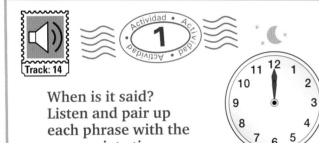

Actividad 1

When is it said? Listen and pair up each phrase with the appropriate time.

a b c

Actividad 2

What do you say?

1 2 3 4

Track: 15

Listen and read the dialogues.

1

Mamá:	¡Hola, Federico!
Federico:	¡Hola, Mamá!
Mamá:	¿Cómo estás, cariño?
Federico:	Muy mal, Mamá.

2

Miriam:	¡Hola, Alicia! ¿Qué tal?
Alicia:	Muy bien, gracias, ¿y tú?

3

Chico 1:	¡Hola, chicos! ¿Qué tal?
Chicos 2, 3 y 4:	¡Chévere!

4

Profesor:	Buenas tardes, Guadalupe. ¿Cómo estás?
Guadalupe:	Bien gracias, señor.

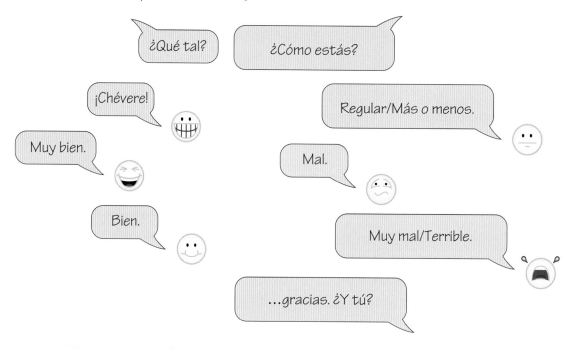

¿Qué tal?

¿Cómo estás?

¡Chévere!

Regular/Más o menos.

Muy bien.

Mal.

Bien.

Muy mal/Terrible.

…gracias. ¿Y tú?

Actividad 3

Practise the phrases. Ask your classmates how they are feeling.

What would you say in the following situations if someone asked how you were?

¿Qué tal?

1

3

2

4

VOCABULARIO

hola	*hello*	muy bien	*very well*
buenos días	*good morning*	gracias	*thank you*
alumnos	*pupils*	¿y tú?	*and you?*
señor	*sir*	chévere	*great*
buenas tardes	*good afternoon/ evening*	bien	*well*
		mal	*bad*
cariño	*dear*	más o menos	*just about all right/ so-so*
buenas noches	*good night*		
¿cómo estás?	*how are you?*	regular	*okay*
muy mal	*very bad*	terrible	*awful*
¿qué tal?	*how are you? how are things?*		

Actividad 5 — Who is talking? Listen and pair up each phrase with the appropriate picture.

Track: 16

Hola, ¿qué tal?

¿Cómo estás?

a b c d e

Gramática

Do you notice anything about the questions? Have a look at the punctuation. There is something unusual about the way the question begins. An upside-down question mark introduces each question in Spanish, and there is a question mark the right way up at the end of each question.

Actividad 6

Put the phrases of this dialogue into the correct order.

a Hola, Alberto.

b Bien, gracias. ¿Y tú? ¿Cómo estás?

c Muy bien, gracias.

d Hola. Buenos días. ¿Qué tal?

Actividad 7 — Follow the lines to find out how the people are. Then make up a conversation between at least four of the people.

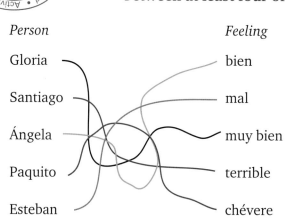

Person	Feeling
Gloria	bien
Santiago	mal
Ángela	muy bien
Paquito	terrible
Esteban	chévere

Track: 17

Listen and repeat. Practise what people say in dialogues of your own.

a Adiós.

b Hasta luego.

c Hasta pronto.

d Hasta mañana.

e Nos vemos.

f Chao.

  Actividad • Actividad **8**

With your classmate, make up a dialogue.

For example:

A: Hola.
B: Hola, ¿qué tal?
A: Bien, gracias, ¿y tú?
B: Muy bien, gracias.
A: Adiós. Hasta luego.
B: Adiós. Nos vemos.

Actividad • Actividad **9**

Compose a rhyme, with phrases and names that sound similar. Practise and perform it in class.

For example: Hola, Lola.

Los nombres: Lola, Tomás, Cristóbal, Pilar, Carlos, Mateo, Belén, Carmen, Ana, Merche, Cristal, María, Jorge, Pepe, Javier, Pascual, Jesús, Pedro, Juliana, Amado.

Las frases: Hola, ¿Qué tal?, ¿Cómo estás?, Buenos días, Buenas tardes, Buenas noches, Chévere, Muy bien, Regular, Muy mal, ¿Y tú?, Adiós, Hasta luego, Hasta pronto, Nos vemos, Hasta mañana, Chao.

Track: 18

Listen and read.

A friend from Puerto Rico has arrived to spend some time with you. You introduce him to your classmates.

Work with your classmate. Pretend you are a boy called Carlos. Introduce your friend Miguel to another friend, Paco.

Now listen and read this dialogue.

Track: 19

ENCANTADA

ESTA ES CARLOTA

MUCHO GUSTO

BIENVENIDA

What do you notice about the dialogues on pages 24 and 25? What is different? Why do you think this might be?

Gramática

Esta es Carlota. The *es* in this phrase comes from the verb *ser* (to be).
It means 'he/she/it is'. Another part of the verb is *soy* (I am) e.g. *Soy Luisa*.

  Work with your classmate. Pretend you are a girl called María. Introduce your friend Luisa to another friend, Paquita.

Listen and read the next two dialogues.

Gramática

Did you notice that some of the words in these dialogues change?

	masculine	feminine	masculine	feminine
singular	encantado	encantada	bienvenido	bienvenida
plural	encantados	encantadas	bienvenidos	bienvenidas

(Pleased to meet you)　　　　　　　　*(Welcome)*

Some words change:

According to who is saying them, according to who you are saying them to and according to who they refer to.

masculine/feminine singular	Este es… *or* esta es… **(this is…)**
plural	Estos son… *or* estas son… **(these are…)**

Look at the dialogues again and find the examples.

Nota Cultural

When meeting people in Hispanic countries it is common to shake hands, maybe clasp the shoulder of the person you are meeting, hug, or kiss one cheek once, or both cheeks, depending on how well you know the person you are meeting.

Pair up each introduction with the appropriate response.

1. Fernando, esta es mi amiga, María.

2. Marta, este es Carlos.

3. Señora Ledesma, este es el señor Rodríguez.

4. Eduardo y Paco, esta es Lucía.

5. Susana y Leticia, esta es Margarita.

a. Encantadas. Bienvenida.

b. Encantada. Bienvenido.

c. Encantados. Bienvenida.

d. Encantado. Bienvenida.

e. Encantada. Bienvenido.

Write the correct form of the words in bold type.

1 **Bienvenido/a**, Marta.

2 **Bienvenidos/as**, Elena y Cristina.

3 **Bienvenidos/as**, Jesús y Joselito.

4 **Bienvenido/a**, Esteban.

5 – Paco, este es Salvador.
– **Encantado/a**.

6 – Luisa y Margarita, este es Salvador.
– **Encantados/as**.

7 – Raúl y Alberto, este es Salvador.
– **Encantados/as**.

8 – Felicia, este es Salvador.
– **Encantado/a**.

Create a scene in which you are introducing a new school friend to a group of old friends. Include as many of the elements you have met in this unit as possible.

VOCABULARIO

adiós	*goodbye*
hasta luego	*see you, bye*
hasta pronto	*see you soon*
hasta la vista	*see you soon*
hasta mañana	*see you tomorrow*
nos vemos	*see you*
chao	*bye*
este, esta	*this*
encantado/a/os/as	*pleased to meet you*
mucho gusto	*delighted to meet you*
bienvenido/a/os/as	*welcome*
estos, estas	*these*

Read the following conversation and answer the questions.

Sandra: Hola Paco, ¿qué hay?
Paco: Hola Sandra. Bien, gracias, ¿y tú?
Sandra: Todo chévere. Te presento a mi amiga Marta. Marta, este es Paco.
Marta: Encantada.
Paco: Mucho gusto.

1 Who does Sandra meet?

2 What does Paco ask?

3 What is the answer?

4 Who is Marta?

5 What does Sandra do?

¡Soy yo!

In this unit you will:
- tell people about yourself (your name, age, where you live)
- ask others about themselves
- count up to 100

¿Cómo te llamas?

Listen and read the dialogues.

1

Hola, ¿qué tal? ¿Cómo te llamas?

Hola. Me llamo Raúl.

2

¿Y tú? ¿Cómo te llamas?

Me llamo Alejandro.

3

¿Cuál es tu nombre?

Mi nombre es Teresa.

4

Hola. ¿Cómo te llamas?

Me llamo Sara.

5

¿Cómo te llamas?

Mi nombre es Josefina.

6

¿Y tú? ¿Cómo te llamas?

Mi nombre es Felipe.

Take turns with your classmate to ask and answer.

For example:

¿Cómo se llama usted?

Track: 22

Recepcionista:	Hola. Buenos días, señores.
Señor Ramírez:	Buenos días.
Recepcionista:	¿Cómo se llama usted?
Señor Ramírez:	Me llamo Gregorio Ramírez.
Recepcionista:	¿Y usted?
Señora Ramírez:	Me llamo Matilde Ramírez.
Recepcionista:	¿Y cómo se llaman ustedes?
Francisco:	Me llamo Francisco.
Paloma:	Mi nombre es Paloma.

Gramática

In the dialogues on page 29, did you notice the two ways in which you can say what your name is?
Mi nombre es... and *Me llamo...*

Now notice in the dialogue above, the way *¿Cómo te llamas?* is asked in a polite form: *¿Cómo se llama usted?*, while the way of asking *¿Cuál es tu nombre?* in polite situations would be *¿Cuál es su nombre?* and *¿Cómo se llaman ustedes?* is used when addressing more than one person. Note that *usted* can be abbreviated to *vd.* or *ud.*, and *ustedes* to *vds.* or *uds.* Both are pronounced the same.

Gramática

You may have noticed that in Spanish there are two forms of address, familiar and polite. The familiar form is used when addressing a friend or family member, and the polite form when addressing an adult whom you do not know so well. The familiar form is known as the *tú* form, for example as in *¿Y tú?*. The polite form is known as the *usted* form.

When addressing more than one person, the *ustedes* form is used.

Choose the appropriate form of the question for each person or group of people.

1 For a classmate.

2 For some classmates.

3 For the doctor.

4 For some teachers.

5 For the policeman.

a ¿Cómo te llamas?

b ¿Cómo se llama usted?

c ¿Cómo se llaman ustedes?

Write each question and answer correctly, paying attention to the punctuation.

1 cómosellamausted?mellamoEduardoColón.

2 cómotellamas?minombreesClaudia.

3 cómosellamanustedes?mellamoLaura.yyomellamoAndrés.

Track: 23

Listen to the dialogues and read the replies.

¿Cuántos años tienes?

1 Tengo once años.

2 Tengo trece años.

3 Tengo catorce años.

4 Tengo diez años.

5 Tengo doce años.

Gramática

Note what we say to express age. *Tengo x años* – I am x years old, answering the question *¿Cuántos años tienes?*. It is important to remember these constructions.

Take turns with your classmate to ask and answer. Use full sentences.

¡Feliz cumpleaños!

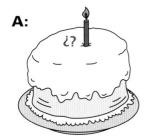

A: ¿?

B: 11

A: ¿?

B: 10

A: ¿?

B: 13

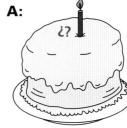

A: ¿?

B: 12

Gramática

As we saw with asking people's names, there are two ways in which to ask someone his/her age, depending on who you are addressing. Use *¿Cuántos años tienes?* when addressing a friend or family member. Use *¿Cuántos años tiene usted?* in more polite situations.

What do they say? Which form would each person be most likely to use: a or b?

a
¿Cuántos años tienes?

b
¿Cuántos años tiene usted?

1

2

3

4

Repaso de los números

Listen and repeat.

1 uno **2** dos **3** tres **4** cuatro **5** cinco **6** seis **7** siete **8** ocho

9 nueve **10** diez **11** once **12** doce **13** trece **14** catorce

15 quince **16** dieciséis **17** diecisiete **18** dieciocho

19 diecinueve **20** veinte

Los números 21–100

Listen and repeat.

21 veintiuno **22** veintidós **23** veintitrés **24** veinticuatro **25** veinticinco

26 veintiséis **27** veintisiete **28** veintiocho **29** veintinueve

30 treinta **31** treinta y uno **32** treinta y dos

33 treinta y tres **34** treinta y cuatro…

cuarenta

cincuenta

sesenta

setenta

ochenta

noventa

cien

Track: 26

Listen and repeat the following numbers.

42   63   87   99   54

How do you say these numbers?

47   51   68   72   96

Practise other numbers with your classmate.

Gramática

What do you notice about the numbers and how they are written? All numbers up to 30 are written as one word. After that they are written as separate words with **y** in between.

What else can you see about the bigger one-word numbers? Some have accents. Which ones? They are all the ones with -*s* on the end.

Numbers are important in many situations, for example, asking the price of goods: ¿*Cuál es el precio?* *Cuarenta dólares*.

Track: 27

Draw a 4 x 4 grid. Choose 16 different numbers between 1 and 100 and write one in each square. Listen to the lottery. Show when you have a line of four, or all the numbers.

La lotería

VOCABULARIO

me llamo	*I am called.../my name is...*
mi nombre es	*my name is*
te llamas	*you are called*
tengo... años	*I am... years old*

Track: 28

Listen to the dialogues and read the replies.

¿Dónde vives?

1 Vivo en el barrio de Manhattan, en Nueva York.
2 Vivo en Santiago en Chile.
3 Vivo en Ocho Ríos, Jamaica.
4 Vivo en La Paz en Bolivia.
5 Vivo en Belmopán en Belice.
6 Vivo en Santo Domingo en la República Dominicana.
7 Vivo en Caracas en Venezuela.

Gramática

Did you notice how sometimes the question includes the subject pronoun? *¿Dónde vives?* and *¿Dónde vives tú?* or *¿Y tú, dónde vives?* The addition of the subject pronoun adds emphasis. This is also true of statements, e.g. *Yo vivo en Ocho Ríos. Él vive en Kingston.*

Actividad 9

Take turns with your classmates to ask and answer.

¿Dónde vives?

Vivo en...

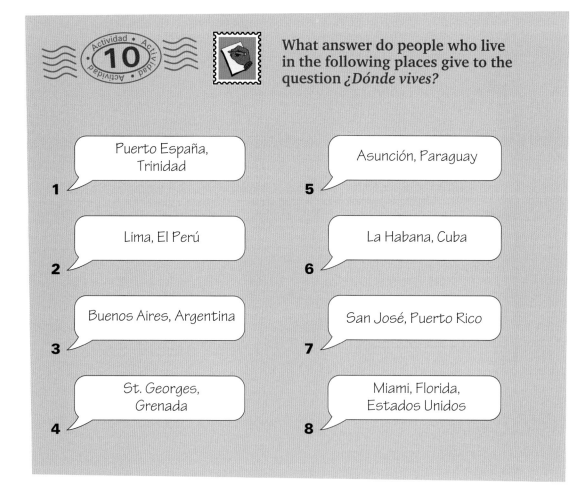

Actividad 10

What answer do people who live in the following places give to the question *¿Dónde vives?*

1. Puerto España, Trinidad

2. Lima, El Perú

3. Buenos Aires, Argentina

4. St. Georges, Grenada

5. Asunción, Paraguay

6. La Habana, Cuba

7. San José, Puerto Rico

8. Miami, Florida, Estados Unidos

Track: 29

Listen and pair up each person with the correct identity card.

a

Nombre: Raúl Méndez
Edad: 14
Ciudad: La Paz, Bolivia

c

Nombre: Miriam Gómez
Edad: 12
Ciudad: Los Ángeles, California

b

Nombre: Esteban Murillo
Edad: 11
Ciudad: Madrid, España

d

Nombre: Carlos Ramírez
Edad: 22
Ciudad: San Juan, Puerto Rico

¿Cuál es tu dirección?

Listen to the people giving their address.

Track: 30

1 La Avenida Vargas, 87

2 La Calle Albert, 2

3 La Plaza Príncipe, 43

4 Paseo de Gracia, 29

Nota Cultural

What words can you see for 'street', 'road', 'avenue', etc.? Can you spot anything unusual about the way that addresses are given in Spanish, something about the street number? In the Spanish-speaking world, street numbers come **after** the name of the street.

Ask your classmates their address. Answer in the Spanish way, with the number after the street name.

¿Cuál es tu/su número de teléfono?

Listen again and focus on how
'My telephone number' is said in Spanish.
¿How do you say 'my' in Spanish?

Track: 31

¿Cuál es tu número
de teléfono?

¿Cuál es su número
de teléfono?

Gramática

Can you see a difference in the two questions? Why do you think they are different? Which would you use when? *¿Cuál es **tu** número de teléfono?* is used when talking to a friend or family member, and *¿Cuál es **su** número de teléfono?* is used when a more polite form of address is required.

Track: 32

Actividad · Actividad
13
Actividad · Actividad

Listen and
write down
the telephone
numbers.

Gramática

*Tu número de teléfono...
Estoy bien, y tú?*

Note the accent is needed when *tú* means 'you', and not when it means 'your'.

Gramática

Did you hear the word for 'my'? If not, listen again. How do you say 'my telephone number'?

Ask your classmates, in Spanish, what their telephone number is. Write a list of the numbers.

¿Cuál es tu número de teléfono?

Mi número de teléfono es el...

Pair up these questions and answers. Then use them to make up a dialogue with your classmate. Rehearse and perform it for the class.

1 ¿Cómo te llamas?

2 ¿Cuál es tu número de teléfono?

3 ¿Cuántos años tienes?

4 ¿Dónde vives?

5 ¿Cuál es tu dirección?

a Vivo en Miami.

b Es Calle Marqués de Cubas, 35.

c Es el cuarenta y dos trece cero seis.

d Me llamo Felipe.

e Tengo trece años.

You are at a talk, but your attention is wandering. You spot someone across the room who also spots you. This person sends a note to you with the following questions. Write the answers to the questions giving information about yourself.

¿Cómo te llamas?

¿Cuántos años tienes?

¿Dónde vives?

¿Cuál es tu dirección?

¿Cuál es tu número de teléfono?

Track: 33

Listen and read.

Señorita Ramos:	Buenos días, alumnos. Soy la profesora Ramos. Bueno, ¿cómo te llamas?
Fernando:	Me llamo Fernando.
Señorita Ramos:	¿Y tú?
Carlota:	Soy Carlota.
Señorita Ramos:	Carlota, ¿cómo se escribe tu nombre?
Carlota:	C–a–r–l–o–t–a.
Señorita Ramos:	¿Y tu apellido?
Carlota:	Torres García. T–o–r–r–e–s—G–a–r–c–í–a.
Señorita Ramos:	Muchas gracias, Carlota.
Carlota	De nada, profesora.

Fernando:	Ay, perdón, profesora. Lo siento.
Señorita Ramos:	No es nada, Fernando.

Gramática

Have you seen anything different about surnames in Spanish? You will notice that there are two parts to the surname, as in *Torres García*. The first part is the main family name, i.e. the father's first surname, and the second part is the mother's family name.

VOCABULARIO

¿dónde?	*where?*
vives	*you live*
vivo	*I live*
la dirección	*address*
el teléfono	*telephone*
el/la profesor/a	*teacher*
señorita	*miss*
soy	*I am*
el apellido	*family name/surname*
de nada	*not at all/don't mention it*
perdón	*sorry*
lo siento	*I am sorry*
no es nada	*it's nothing/it's not important*

Trabalenguas

Ñ is a letter which appears in the Spanish alphabet. Do you remember how it is pronounced? [ny]. We meet it most often in *España, español*.

Try saying:

Ñoño Yáñez come ñame por la mañana con el niño.

It translates as: 'Ñoño Yáñez eats yam in the morning with the child'.

Take turns with your classmate to ask and answer these questions. Make up a dialogue to perform to the class.

¿Cómo te llamas?

¿Y tu apellido?

¿Cómo se escribe tu nombre?

18

What do you say? Pair up each phrase with the most appropriate response.

1	Buenos días.	**a**	Bienvenido.
2	Adiós.	**b**	De nada.
3	Muchas gracias.	**c**	Hasta pronto.
4	Lo siento.	**d**	Buenos días.
5	Es el nuevo profesor.	**e**	No es nada.

Nota Cultural

The title given to teachers from secondary school to university in Spanish in Hispanic America is *profesor/a. Señor/Señorita* is sometimes used in primary school but *maestro(a)* is more common.

Choose the most appropriate phrase for each space.

1 Lo siento.
2 Hola. Buenos días.
3 No es nada.
4 ¿Cómo se escribe Lucas?
5 Bienvenido.
6 L–u–c–a–s.

Rodrigo introduces himself on a message board on a social network site. Read what he says and answer the questions that follow.

¡Hola! ¿Qué hay? Soy Rodrigo Álvaro González Matas. Tengo catorce años y vivo en Honduras, que es un país de Centroamérica. Vivo en Tegucigalpa, la capital. Mi cumpleaños es el veinticuatro de diciembre. Es un día muy importante para mí, pero también para toda la familia, porque es Nochebuena, el día antes del día de Navidad. Celebramos las dos ocasiones en familia.

1 How old is Rodrigo?

2 Where is Tegucigalpa?

3 When is Rodrigo's birthday?

4 For what other reason is that date significant?

5 How do the family mark the day?

Personalidades del mundo hispano

  Read about these well-known Hispanic people.

Enrique Iglesias – España

Enrique is a popular singer, son of another famous Spaniard, Julio Iglesias, who in his younger days was quite as popular as his son.

Ricky Martin – Puerto Rico

Ricky is famous throughout the USA, Europe and Spanish-speaking South America as a successful pop singer.

Rafael Nadal – España

Rafael is one of the youngest tennis players to win a grand slam event.

Gerard Piqué – España

Gerard plays football for FC Barcelona and the Spanish national team. He met Shakira at the 2010 football World Cup, and they have two children together.

Salma Hayek – México

Salma is an internationally famous film actress. Among her film roles she has played the Mexican painter Frida Kahlo, in the film *Frida*.

Antonio Banderas – España

Antonio has acted in many Hollywood movies, often as a swashbuckling hero.

Pablo Montoya – Colombia

Pablo is a famous and successful Formula One motor-racing driver.

Shakira – Colombia

Shakira is one of Colombia's most famous international stars, with a very successful pop music career.

Lionel Messi – Argentina

Lionel was born in Rosario, Argentina, in 1987. He has been named FIFA world player of the year five times and many rate him as the best footballer ever. He plays for the Argentina national team and for FC Barcelona.

Penélope Cruz – España

Penélope Cruz is an Oscar-winning Spanish actress. Her films include the 'Pirates of the Caribbean' series, among many other international successes.

Introduce each of these people to your classmate. Your classmate responds.

For example:

A: Este es Lionel Messi. Es de Argentina.

B: Encantado/a.

UNIDAD 4
Mis nuevos amigos

In this unit you will:

- talk about other people
- state their name, their age and where they live

¿Cómo se llama?

Track: 34

Listen and read.

Eduardo:	Hola, chicos. ¿Qué tal?
Tomás:	Bien, gracias. ¿Y tú?
Eduardo:	Bien, bien. Mira. Este es el nuevo profesor.
Tomás:	Ay, sí. ¿Cómo se llama?
Eduardo:	Se llama señor Zubizurrango.
Tomás:	¿Cómo? ¿Cómo se llama?
Eduardo:	Se llama señor Zu-bi-zu-rran-go.
Tomás:	¡Qué nombre más raro!, ¿no? ¿De dónde es?
Miguel:	Es de Ecuador.
Tomás:	¿Dónde vive ahora?
Miguel:	No sé.

Actividad 1

Practise giving information about other people with your classmate.
Turn back to pages 46–47 and choose one of the famous people.
Your classmate has to guess who you are thinking of.

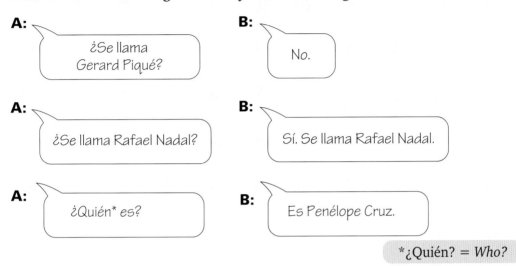

A: ¿Se llama Gerard Piqué?

B: No.

A: ¿Se llama Rafael Nadal?

B: Sí. Se llama Rafael Nadal.

A: ¿Quién* es?

B: Es Penélope Cruz.

*¿Quién? = Who?

¿Cuántos años tiene?

Listen and read.

Track: 35

Tomás: ¿Cuántos años tiene el señor Zubizurrango?
Eduardo: No sé. ¿Tiene 30 años?
Miguel: No, tiene 50 años.
Tomás: ¡No me digas!

Gramática

When we refer to people, using their title, we need to add the word *el, la, los, las* before the title (depending on whether we are referring to one or more males or females), e.g. *Es el doctor Arias*.

Note it is not used with the words *Don* or *Doña* (terms used with given names, to show respect for older people), e.g. *Es Don Manuel*; or when addressing people directly, e.g. *Buenos días, Señora Martín*.

Actividad 2 — Track: 36

Listen and pair up each dialogue with the appropriate picture.

Actividad 3

Take turns with your classmate to ask and answer about the ages of people in your class, and then about other people that you know.

 **Actividad 4**

Reorder the words to make a correct question and answer.

¿el Laca tiene años señor cuántos?

señor cincuenta el Laca años tiene.

Gramática

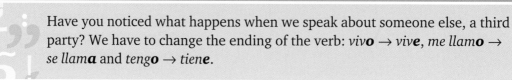

Have you noticed what happens when we speak about someone else, a third party? We have to change the ending of the verb: *vivo* → *vive*, *me llamo* → *se llama* and *tengo* → *tiene*.

Read this extract from the class register and answer the questions that follow.

Nombre	Edad
Sergio Benítez	10
Julio Ferrol	12
Félix Ibarra	13
Antonio Menéndez	11
Roberto Ricas	10
Sandra Alonso	11
Catalina Iglesias	11
Cristina Palma	12
Luisa Ruperto	14
Clara Torres	12

Dirección

Calle Bolívar, 10

Paseo del Mar, 62

Avenida Colón, 21

Plaza Mayor, 46

Camino Real, 70

Avenida de Cuba, 58

Plaza de España, 92

Calle Goya, 88

Plaza de la Catedral, 65

Carretera de Madrid, 30

1 ¿Cuántos años tiene Luisa?

2 ¿Cuántos años tiene Félix?

3 ¿Cristina tiene diez años?

4 ¿Dónde vive Antonio?

5 ¿Vive Sandra en el Camino Real?

6 ¿Quién vive en la Plaza de la Catedral?

7 ¿Quién tiene trece años?

VOCABULARIO

la calle	street	la plaza	square
el paseo	promenade	el camino	way
la avenida	avenue	la carretera	main road

Track: 37

Actividad 6

Listen and write down the names of the people on the map.

For example: a Lara

MÉXICO

TRINIDAD

COSTA RICA

NICARAGUA

COLOMBIA

ECUADOR

El PERÚ

ARGENTINA

Actividad 7

¿Dónde vive Lara?

Lara vive en México.

Take turns with your classmate to ask and answer about where each of the girls and boys in Actividad 6 lives.

Actividad 8

Now write a sentence describing where each of the girls and boys in Actividad 6 lives.

VOCABULARIO

se llama	he/she is called
¡qué nombre más raro!	what a strange name!
vive	he/she lives
no sé	I don't know
tiene ... años	he/she is ... years old
¡No me digas!	You don't say!

You are introducing a new neighbour to your friends. You give details of his/her name, age and where he/she lives. What do you say?

Read the following and answer the questions.

Mario Vargas Llosa es político, novelista y periodista. También es ganador del Premio Nóbel de Literatura de 2010. Su cumpleaños es el veintiocho de marzo. Nace en 1936 en Arequipa, la segunda ciudad del Perú. Ahora tiene dos casas. Vive en Lima, capital del Perú, y en Madrid, capital de España.

1 What are Vargas Llosa's three occupations?

2 What special award did he get and when?

3 What is his date of birth?

4 Where was he born?

5 Where does he live now?

VOCABULARIO

el periodista	*journalist*
el ganador	*winner*
el cumpleaños	*birthday*
marzo	*March*
nace	*he is born*
segunda	*second*
la casa	*house, home*
vive	*he lives*

Nota Cultural

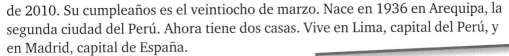

While Vargas Llosa is one of the most recently named Hispanic Nobel Prize winners, perhaps the most famous is Gabriel García Márquez, a Colombian novelist, who wrote the classic *Cien años de soledad* (One Hundred Years of Solitude), the second most translated book in the Spanish language after *Don Quijote*. He was awarded the prize in 1982.

Prueba 1 Unidades 1–4

Tracks: 38–41

1 When is it said? Listen to the expressions and pair up each one with the appropriate situation.

    a 9 a.m. El profesor a la clase.
    b 8 a.m. Miguel a su mamá.
    c 4 p.m. Ana a María.
    d 8.30 a.m. Miguel a Paco.

2 It is the first day of term and the teacher is taking the register. Listen and complete the names below.

    C e . . . . . . R o . . . .

    L . . . . . . R. . . . . .

    M . . . . I . . . .

3 Copy the identity card twice. Listen to the personal information that each person gives, and fill in one form for each of the two people.

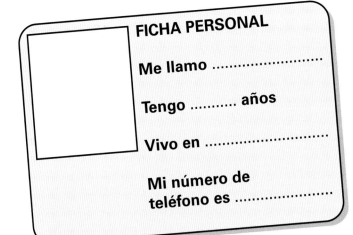

FICHA PERSONAL

Me llamo ....

Tengo .... **años**

Vivo en ....

Mi número de teléfono es ....

4 Listen and answer the questions. Read the questions carefully before listening.

A

1 Rosa tiene   **a** diez años.
                     b once años.
                     c doce años.

2 Rosa vive en   **a** Puerto España.*
                     b Chaguanas.
                     c Tunapuna.

3 Rosa vive en   **a** la Calle Mercado, 28.
                     b la Calle Mercado, 82.
                     c la Calle Mercado, 15.

4 Su número de teléfono es el   **a** 62 28 82.
                                        b 62 15 92.
                                        c 65 92 15.

B

5 Roberto tiene   **a** diez años.
                     b once años.
                     c doce años.

6 Roberto vive en   **a** Puerto España.*
                     b Chaguanas.
                     c Tunapuna.

7 Roberto vive en la Plaza de la Iglesia,   **a** 2.
                                                b 12.
                                                c 10.

8 María tiene   **a** diez años.
                     b once años.
                     c doce años.

9 María vive en   **a** Tunapuna.
                     b Chaguanas.
                     c Puerto España.*

10 María vive en la Carretera   **a** del mar.
                                     b del puerto.
                                     c del aeropuerto.

*Puerto España = *Port of Spain*

B

1 Read these sums aloud.

For example: 2 + 3 = 5

> Dos más tres son cinco.

a 6 + 5 = 11
b 12 − 8 = 4
c 21 + 5 = 26
d 2 + 17 = 19
e 13 − 11 = 2

2 You are at a party and you make a new friend. Find out his/her telephone number and where he/she lives.

3 Take turns with your classmate to ask and answer about another friend. Find out the following information.

For example:

> ¿Cómo se llama...?

1 the name of the friend.
2 how old the friend is.
3 where the friend lives.
4 what their phone number is.

C

1 Pair up the numbers.

5	quince
13	cuatro
7	dieciocho
18	cinco
14	once
11	veinte
4	trece
15	catorce
19	siete
20	diecinueve

2 How do you respond? Choose the correct reply.

1 ¿Qué tal?
  a Bien.
  b Hasta luego.
  c De nada.
  d Hola.

4 Lo siento.
  a Mucho gusto.
  b No es nada.
  c Hasta pronto.
  d Estupendo.

2 Muchas gracias.
  a Mal.
  b De nada.
  c Nos vemos.
  d ¿Cómo estás?

5 ¿Cómo está usted?
  a Muy bien, gracias.
  b ¿Qué tal?
  c Buenas tardes.
  d Hasta mañana.

3 Esta es Sara.
  a Regular.
  b Adiós.
  c Encantado.
  d Gracias.

3 Pair up each phrase with the appropriate response.

1 Adiós.
2 ¿Cómo estás?
3 Hola.
4 Buenas tardes.
5 ¿Y tú?

a Muy bien, gracias.
b Hola. ¿Qué tal?
c ¿Yo? Terrible.
d Buenas tardes.
e Nos vemos.

4 Which is the odd-one-out?

1 Tegucigalpa Santiago Uruguay Asunción
2 Puerto Rico Cuba República Dominicana México
3 veinte vive once catorce
4 Managua Colombia Argentina Costa Rica

5 Write out the following text, choosing the correct alternative where there is an option.

> Tengo muchos compañeros de clase. Uno se llama/vive Julio. Tiene/Se llama once años y vive/tiene en Cienfuegos. Mi profesor se llama/vive Carlos Ruiz. Tiene/Se llama cuarenta años y vive/tiene en Pinar del Río.

D

1 Decipher these anagrams. They are all numbers. Write them correctly.

a	oun	**f**	choo
b	idze	**g**	sert
c	oviniteun	**h**	code
d	ods	**i**	sediciési
e	venue	**j**	sise

2 Use the phrases to complete the conversation between Rita, Claudia (the new student) and the teacher.

Rita: . . . . . ., señor Chávez. Esta es Claudia.
Profesor: Encantado, Claudia.
Claudia: . . . . . ., señor.
Profesor: ¿Cómo se escribe tu nombre?
Claudia: C–l–a–u–d–i–a.
Profesor: . . . . . ., Claudia.
Claudia: . . . . . ., señor Chávez. . . . . . .

> Muchas gracias.
> Hasta luego.
> Buenos días.
> De nada.
> Mucho gusto.

3 Write sentences describing these three people, using the information given. Write three sentences for numbers 1 and 2, and four sentences for number 3.

1 Simón, aged 12, lives in Grenada.
2 Belén is 13. She lives in Costa Rica.
3 Alberto, aged 14, lives in Barbados; his telephone number is 46 53 81.

¿De dónde eres?

In this unit you will:
- talk about nationality
- say where you and others come from

Soy de...

Track: 42

Listen to the delegates from the United Nations introducing themselves. What differences do you hear in what the men and women say?

1 Hola. Soy de Cuba. Soy cubano.

2 Buenos días. Soy de México. Soy mexicano.

3 Buenas tardes. Soy argentino.

4 Hola. Soy puertorriqueño.

5 Buenos días. Soy chileno.

6 Hola. Soy peruana.

7 Buenos días. Soy salvadoreña.

8 Hola. Soy colombiana.

CUBA   MÉXICO   PUERTO RICO   ARGENTINA   CHILE

EL PERÚ   EL SALVADOR   COLOMBIA

Gramática

Did you hear the difference? The endings change on the words which describe the nationality of the people. A word which describes a person or thing is called an adjective. In Spanish, the endings on adjectives change according to whether the person or thing being described is masculine or feminine.

For example: *Bob Marley es jamaicano*. But *Verónica Campbell es jamaicana*.

If the adjective ends in a vowel other than -*o*, it remains the same in the feminine form. For example: *Brad Pitt es estadounidense. Venus Williams es estadounidense*.

If a word ends in a consonant, an -*a* is added for the feminine word: *Enrique Iglesias es español. Chabeli Iglesias es española*.

Note that if more than one person is being described, an '-s' should be added to the adjective used.

Track: 43

Listen to the adjectives of nationality and repeat each one as you hear it.

jamaicano	trinitario	granadino
jamaicana	trinitaria	granadina
vicentino	tobagüense	beliceño
vicentina	antigüense	beliceña
	barbadiense	

Track: 44

Actividad 1

Listen and pair up each nationality with the corresponding country.

a Jamaica   **e** Belice

b Trinidad   **f** Barbados

c Tobago   **g** San Vicente

d Antigua   **h** Granada

Who says what? Pair up each map with the correct nationality.
Be careful: you won't need all the nationalities.

a Soy jamaicano.

b Soy beliceña.

c Soy barbadiense.

d Soy tobagüense.

e Soy beliceño.

f Soy trinitaria.

g Soy antigüense.

h Soy jamaicana.

i Soy granadino.

j Soy trinitario.

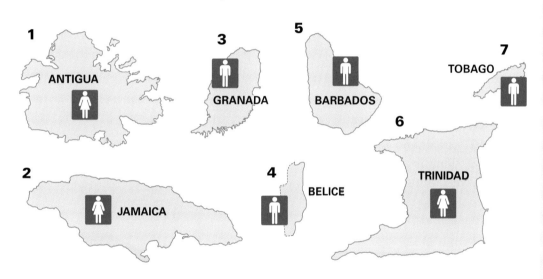

1 ANTIGUA

3 GRANADA

5 BARBADOS

7 TOBAGO

2 JAMAICA

4 BELICE

6 TRINIDAD

Nota Cultural

Football is a passion all over the world and nowhere more so than in Latin America. Each nation takes the sport very seriously and there is huge rivalry and competition between the different nationalities, especially between those countries which are neighbours, for example Uruguay and Argentina, and Colombia and Ecuador.

See if you can pair up each of the following adjectives of nationality with the country to which it refers.

1	venezolano	**a**	Estados Unidos
2	ecuatoriano	**b**	Inglaterra
3	boliviano	**c**	El Salvador
4	guyanés	**d**	España
5	brasileño	**e**	Canadá
6	peruano	**f**	Venezuela
7	paraguayo	**g**	Guatemala
8	uruguayo	**h**	Paraguay
9	costarricense	**i**	El Perú
10	español	**j**	Ecuador
11	inglés	**k**	Nicaragua
12	guatemalteco	**l**	Uruguay
13	salvadoreño	**m**	República Dominicana
14	hondureño	**n**	Brasil
15	canadiense	**o**	Costa Rica
16	nicaragüense	**p**	Bolivia
17	panameño	**q**	Honduras
18	dominicano	**r**	Panamá
19	estadounidense	**s**	Guyana

You lose your passport in a Spanish-speaking country. You have to go to the Immigration Department and give your name, age, country of origin, nationality and where you live. What do you say?

Take turns with your classmate to think of a famous person and, without saying the name, give details of his/her nationality, age and where he/she lives. See if your classmate can guess who it is.

For example:
A: Es colombiana. Tiene treinta años. Vive en Colombia.
B: ¿Es Shakira? A: Sí/No.

Research these famous Hispanic people. Then try this general knowledge quiz about their nationalities.

1 Neymar es

a brasileño.
b dominicano.
c venezolano.
d chileno.

2 Luis Fonsi es

a mexicano.
b venezolano.
c ecuatoriano.
d puertorriqueño.

3 Selena Gómez es

a chilena.
b americana.
c peruana.
d uruguaya.

4 Cristóbal Colón es

    a portugués.
    b español.
    c italiano.
    d boliviano.

5 Enrique Iglesias es

    a español.
    b puertorriqueño.
    c dominicano.
    d cubano.

6 Emiliano Zapata es

    a hondureño.
    b panameño.
    c guatemalteco.
    d mexicano.

Actividad 7

Take turns with your classmate to ask and answer questions about the nationality of people. Classmate A looks at this page and asks and answers about the people below. Classmate B turns to page 174 and asks and answers about the people there.

Classmate A asks about:	Susana Paulina Nicolás Felipe
And answers about:	Fernando – Bolivia Patricia – Chile Sara – México Bernardo – Venezuela

Read the following and answer the questions.

Me llamo Elena. Soy de Puerto Rico pero vivo en Chicago. Mi papá tiene un trabajo* aquí. Chicago es una ciudad muy cosmopolita. En mi clase hay estudiantes de diferentes países. Hay muchos hispanos de la República Dominicana, de México, y Nicaragua también. Mi mejor amiga es cubana, de La Habana. Algunos alumnos son del Caribe – hay dos jamaicanos y tres trinitarios. Es una clase muy internacional y muy interesante.

> *un trabajo = *a job*

1 Where is Elena from?

2 Why is she living in Chicago?

3 How do we know Chicago is so cosmopolitan?

4 Which four Hispanic nations are named?

5 How many students are from Jamaica?

6 Where do three of the students come from?

Shakira es una cantante colombiana famosa internacionalmente por su música rítmica y sus originales videos. La canción oficial de la Copa Mundial de Fútbol de 2010 es de Shakira. Esta canción es especial porque tiene frases africanas. Hay dos versiones, en inglés y en español.

Answer the following questions in English.

1 Where is Shakira from?

2 What is her music like?

3 What occasion did she sing for in 2010?

4 Which language is featured in the lyrics of that song?

5 How many versions of the song are there?

6 How do they differ?

Te presento a mi familia

In this unit you will:
- learn the names for family members
- talk about your own family

La familia

Track: 45

Listen and read what the different members of the family say.

Me llamo Miguel. Elena es mi hermana. Soy el hijo de Juan y Silvia. Mi tío es Roberto.

Hola. Soy Elena. En mi familia hay cuatro personas. Tengo un hermano. Se llama Miguel. Mi padre es Juan y mi madre es Silvia.

Yo soy Roberto. Soy el hermano de Silvia. Mi padre es Alberto y su esposa, mi madre, es Claudia. Miguel y Elena son mis sobrinos.

Hola. Somos Alberto y Claudia. Somos los abuelos de Elena y Miguel. Tenemos cuatro nietos en total. María y Pedro, los hijos de Roberto y Ana, son nuestros nietos también.

Hola. Yo soy Cristina. Soy la hermanastra de María y Pedro. Mi madre es Ana. Mi padrastro es Roberto.

Hola. Somos María y Pedro. Somos primos de Elena y Miguel.

Gramática

Re-read pages 66 and 67 and find the words *el, la, los, las (definite article)*.
What do they mean? Note why each one is used.
They mean 'the'. Each depends on the noun (person, place or thing) it
relates to, for example:

	Masculine	Feminine
Singular	**el** padre	**la** madre
Plural	**los** abuelos	**las** hermanas

In the case of the members of the family it is easy to say whether we need *el* or *la*
depending on whether the person referred to is masculine or feminine (*el padre, la
madre*). In most Spanish speaking countries in Latin America, it is more common to
say *mi papá, mi mamá* or *mis papás*…instead of mi padre, mi madre or mis padres.

Track: 46

**Read and listen again to the information on
pages 66–67, then answer these questions.**

1 Who is the father of María and Pedro?

2 What relationship connects Ana and Cristina?

3 How is Miguel related to Claudia?

4 Who are Elena's cousins?

5 Who are Juan's niece and
nephew?

6 Who is Miguel's father?

Gramática

Read the sentences *En mi familia hay cuatro personas. Miguel y Elena son mis
primos.*
We are talking about more than one person, using the plural form of the words.
Do you see how **plurals** are formed in Spanish?
Simply add -*s* if the word ends in a vowel, for example: *mis primos.*
Add -*es* if the word ends in a consonant, for example: *los profesores.*

**Read the following statements.
True or false?**

1 Roberto es el padre de Miguel y Elena.

2 Los hijos de Alberto y Claudia son Roberto y Silvia.

3 Miguel es el primo de Pedro.

4 La madrastra de Cristina es Ana.

5 María y Pedro son los sobrinos de Juan y Silvia.

6 Claudia es la abuela de Elena.

Gramática

Can you see any other differences in the sentences *Miguel es el primo de Pedro* and *María y Pedro son los sobrinos de Juan y Silvia*?
On page 68 we looked at *el* and *los*. Another difference is *es* and *son*. These words (*es* and *son*) are the **verbs**.
Compare the different forms;
Soy *Roberto* (singular) and
Somos *Alberto y Claudia* (plural).
Likewise, **Tengo** *un hermano* and **Tenemos** *cuatro nietos*.

VOCABULARIO

hay	*there is/are*
el hermano	*brother*
el padre	*father*
la madre	*mother*
la hermana	*sister*
el hijo	*son*
la hija	*daughter*
el tío	*uncle*
la tía	*aunt*
la esposa	*wife*
el sobrino	*nephew*
la sobrina	*niece*
el abuelo	*grandfather*
la abuela	*grandmother*
el nieto	*grandson*
la nieta	granddaughter
el primo	*boy cousin*
la prima	*girl cousin*
el hermanastro	*stepbrother*
la hermanastra	*stepsister*
el padrastro	*stepfather*
la madrastra	*stepmother*
los padres	*parents*

Read the text on page 71, then answer the questions on it.

El rey Felipe VI y su esposa, la reina Letizia

Los reyes de España y sus hijas, Leonor and Sofía

Don Juan Carlos y Doña Sofía, los reyes anteriores de España

Don Juan Carlos y Doña Sofía, con sus hijos. De izquierda a derecha, el rey Felipe VI, su esposa Letizia, Sofía, Juan Carlos, Elena y Cristina, las dos hermanas de Felipe, e Iñaki Urdangarín, marido de Cristina

La familia real española es bastante famosa. El rey se llama Felipe VI. Su esposa se llama Letizia. Tienen dos hijas, Leonor y Sofía. Los padres de Felipe son los antiguos reyes de España, Don Juan Carlos y Doña Sofía. Felipe tiene dos hermanas, Elena y Cristina. Los hijos de Elena y Cristina son los primos de Leonor y Sofía.

1 ¿Quién es el rey de España?

a Felipe
b Juan Carlos
c Leonor

2 ¿Cómo se llama la mujer del rey?

a Letizia
b Cristina
c Sofía

3 ¿Cuántas hijas tienen los reyes?

a Tres
b Dos
c Una

4 ¿Cómo se llama el padre del rey?

a Felipe
b Juan Carlos
c Elena

5 ¿Quién es la esposa de Juan Carlos?

a Letizia
b Sofía
c Elena

6 ¿Quién es el abuelo de Leonor y Sofía?

a Felipe
b Juan Carlos
c Sofía

7 ¿Quiénes son los primos de Leonor y Sofía?

a Los hijos de Elena y Cristina
b Los hijos de los reyes
c Los hijos de Felipe

8 ¿Cómo se llaman las tías de Leonor y Sofía?

a Sofía y Juan Carlos
b Felipe y Letizia
c Elena y Cristina

VOCABULARIO

la familia real	*the royal family*	el marido	*husband*
el rey	*king*	los padres	*parents*
la reina	*queen*	antiguo	*old*
de izquierda a derecha	*from left to right*	el hijo	*son*
la esposa	*wife*	el primo	*cousin*
la hermana	*sister*		

Track: 47

Listen and read.

¿Cuántas personas hay en tu familia?

¿Dónde vive tu abuelo?

¿Cómo se llama tu mamá?

¿Tienes hermanos?

¿Tienes primos?

¿Quién es el padre de tu padre?

¿Cuántos años tiene tu hermano/a?

¿Cómo se llama tu hermano/a?

Gramática

Can you see what the sentences above have in common? They are all questions. What do questions have in Spanish that is unusual? Firstly, the punctuation, as we saw in Unit 2. Can you see how you need to punctuate a question? The upside-down question mark is essential. Also, what do the 'question words', like *¿Cómo?* (How?), *¿Quién?* (Who?), *¿Dónde?* (Where?), *¿Cuántos?* (How many?) have in common? Each has a written accent when it is used as a question.

Do you remember how the sound of the letter 'c' changes according to which vowel follows it? Practise saying the following:

Celia Cruz es una cantante cubana.

Prepare some questions to ask your classmates about their family. Prepare some answers to the same questions about your own family.

  **Say if the following statements are true or false according to the family tree.**

1 María es la esposa de Pablo.

2 Paula y Pedro son los nietos de María y Carlos.

3 Manuel es el tío de Pedro.

4 Marcos y David son primos.

5 Roberto es el yerno* de Carlos.

6 Pepito es el perro de Paula.

7 Rosa y Lola son hermanas.

8 La suegra de Manuel es Rosa.

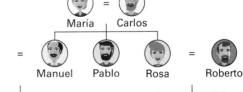

Correct those which are factually incorrect. There are four.

*el yerno = *son in law*

Draw your family tree and write a paragraph about your family. Prepare to talk to the class about your family members.

Este es mi padre. Se llama Tony. Tiene cuarenta años.

You are looking at family photos with a friend. The friend asks if one of the group is your father. You explain that he is your uncle, that they are brothers, and you give one other fact about your family. What do you say?

Read the following and answer the questions.

Hola, soy Bartolomeo. Mi hermano y yo somos gemelos*. Siempre hay mucha confusión porque somos idénticos. Hay muchos gemelos en mi familia. Mi madre y su hermano, mi tío Ramón, son gemelos y mi abuela tiene una hermana gemela también.

*los gemelos = *twins*

1 Does Bartolomeo have a twin sister or brother?

2 Why does it cause confusion?

3 Who is the twin of Bartolomeo's mother?

4 Who else has a twin?

5 Is it a twin sister or brother?

¡Qué guapo!

In this unit you will:
- describe people's physical appearance
- learn how to make negative sentences

Mi familia

Track: 48

Listen and read the description of this family.

> En mi familia hay cinco personas. Mi papá es alto y guapo, y mi mamá es baja y muy guapa también. Mi hermano es alto y mi hermana es baja. Los dos son flacos. Tenemos un perro. Es gordo y muy feo.

Actividad 1

What does each person say?

Yo	soy	bajo/a alto/a delgado/a
Mi hermano/a Mi padre Mi madre El perro	es	gordo/a flaco/a guapo/a
Mis hermanos/as Mis padres	son	bajos/as gordos/as delgados/as altos/as flacos/as guapos/as

Actividad 2

Read the following description of the same family and correct the mistakes. There are eight factual errors.

En mi familia hay cuatro personas. Mi padre es bajo y mi madre es alta y gorda. Yo soy bajo pero mi hermana es alta. Mi hermano es gordo. Y el perro es delgado.

VOCABULARIO

alto/a	tall
bajo/a	short (in stature)
delgado/a	thin
flaco/a	skinny
gordo/a	overweight

Actividad 3

Use the grid in Actividad 1 to describe your own family.

Track: 49

An exchange student is arriving from Mexico. Listen and read the dialogue at the airport.

Llegada del vuelo 028 de Ciudad de México, en la puerta número 7.

Alfonso:	¡Qué bien! Es el avión de tu amiga, Paloma. ¿Cómo es tu amiga? ¿Es esta?
Karim:	No, esta tiene el pelo rubio. Paloma tiene el pelo negro.
Alfonso:	¿Es esta tu amiga?
Karim:	No, esta tiene el pelo largo. Paloma tiene el pelo corto.
Alfonso:	¿Es esta tu amiga?
Karim:	No, esta tiene el pelo liso. Paloma tiene el pelo rizado.
Alfonso:	¿Es esta tu amiga?
Karim:	No, esta tiene los ojos negros. Paloma tiene los ojos azules.
Alfonso:	¿Es esta tu amiga?
Karim:	Sí, esta es Paloma. Bienvenida, Paloma.

VOCABULARIO

el pelo	hair
rubio/a	blond
negro/a	black
largo/a	long
corto/a	short
liso/a	straight
rizado/a	curly
los ojos	eyes
azul	blue

Decide who is who according to the description of the school group.

Andrea tiene el pelo negro, corto y rizado.

El señor Figo tiene el pelo corto, con canas, y tiene bigote.

Patricia tiene el pelo castaño y ondulado, y los ojos azules.

Zulema tiene el pelo rubio, y tiene trenzas. Tiene los ojos verdes, y también tiene pecas.

Roberto tiene el pelo rapado y los ojos negros.

El señor Torres es pelirrojo y tiene los ojos negros. Tiene barba.

Describe the hairstyles of the people in the images below.

For example: Ramón tiene el pelo…

a Ramón

b Teresa

c David

d Luisa

e Alejandra

Use the following grids to write some descriptions of people you know.

Es	alto/a bajo/a delgado/a gordo/a guapo/a	
Son	altos/as bajos/as delgados/as gordos/as guapos/as	

Tiene Tienen	el pelo	rubio/castaño/negro/pelirrojo rapado/corto/largo liso/ondulado/rizado
	los ojos	negros verdes azules grises
	barba/bigote pecas trenzas canas	

Gramática

Did you see how the verb *ser* is used to describe a person's stature? And how the verb *tener* describes what features they have, for example type of hair, colour of eyes, freckles, plaits, beard, etc.?
For example: *Yo tengo el pelo negro.*

Ser and *tener* are the infinitives, or titles, of the verbs. They are important to know, as they dictate how verbs behave in different forms and tenses.

VOCABULARIO

(tener) canas	*(to have) grey/white hair*
el bigote	*moustache*
castaño/a	*brown*
ondulado/a	*wavy*
la trenza	*plait, braid*
verde	*green*
las pecas	*freckles*
rapado/a	*shaven*
pelirrojo/a	*red-haired*
la barba	*beard*
gris	*grey*

Take turns with your classmate to ask and answer questions about people's appearance. Classmate A looks at this page and covers page 81. Classmate B looks at page 81 and covers this page.

Classmate A asks about:	Josefina
	Pilar
	Oscar
	José Andrés
	Manolo

¿Cómo es Josefina?

And describes:	Julio – long brown hair, blue eyes, tall
	Felipe – blond curly hair, green eyes, skinny
	Elena – long curly black hair, black/dark eyes, overweight
	Pedro – long straight brown hair, short
	Genoveva – wavy short red hair, tall

Take turns with your classmate to ask and answer questions about people's appearance. Classmate B looks at this page and covers page 80. Classmate A looks at page 80 and covers this page.

Classmate B asks about:	Felipe Julio Genoveva Elena Pedro

¿Cómo es Felipe?

Oscar · Manolo · Josefina · José Andrés · Pilar

And describes:	Oscar – long black wavy hair, green eyes, overweight Manolo – short curly blond hair, blue eyes, thin Josefina – short straight red hair, dark eyes, tall José Andrés – shaven head, grey eyes, short Pilar – curly brown hair, blue eyes, thin and short

8
Actividad · Actividad · Actividad · Actividad

Using the grids on page 79 and the information on pages 80–81, write a description of four of the people in Actividad 7.

 Read this extract from an email in which Alonso describes his family. Then answer the questions which follow.

Enviar   Dirección   Ortografía   Adjuntar   Seguridad   Guardar

> Somos cinco en mi familia. Mi madre es muy baja, pero mi padre
> es alto. Mi madre tiene el pelo corto, negro y rizado. Tiene treinta
> y tres años. Mi padre tiene los ojos verdes y tiene treinta y nueve
> años. Tengo una hermana de ocho años que es baja y delgada
> como mi madre, y un hermano que tiene diez años. Mi hermano
> es bajo, pero gordo. Tiene el pelo rapado. Yo soy alto como mi
> padre. Mis abuelos viven en casa. Mi abuela es muy baja y gorda.
> Tiene el pelo, corto y rizado y tiene canas. Mi abuelo es alto.

1 ¿Cuántos hay en la familia?
a 3
b 4
c 5

2 ¿Cómo es la madre?
a alta
b baja
c gorda

3 ¿Cuántos años tiene la madre?
a 30
b 33
c 39

4 ¿De qué color son los ojos del padre?
a negros
b grises
c verdes

5 ¿Cuántos años tiene el hermano?
a 8
b 10
c 12

6 ¿Cómo es el pelo del hermano?
a negro
b rizado
c rapado

7 ¿Quiénes viven en casa?
a los abuelos
b los primos
c los tíos

8 ¿Cómo es el abuelo?
a alto
b bajo
c gordo

Track: 50

Actividad 10

Listen to the four girls describing themselves. Pair up each one with the correct picture.

a   b   c   d

Describe yourself to your classmate. Then describe two people in your family.

You are writing a letter to a pen pal and send this photograph of you and some friends. The boys are called Esteban and Alberto and the girls Laura and Adela. Imagine you are one of the people in the photo. Describe yourself and each of your friends, so that your pen pal knows who is who.

Track: 51

Listen and read the following conversation between a mother and her daughter.

Mamá:	Mira, Gloria, esta es Julia, ¿no?
Gloria:	No, Mamá. Esta no es Julia. Julia no tiene el pelo rubio.
Mamá:	¿Seguro que no es Julia?
Gloria:	Sí, Mamá. No es Julia. Julia no tiene el pelo rizado.
Mamá:	Sí que es Julia.
Gloria:	No, Mamá. Julia no tiene el pelo corto.
Mamá:	¿Cómo es Julia entonces?
Gloria:	Julia tiene el pelo castaño, liso y largo.
Julia:	Hola Gloria. ¿Qué tal?
Gloria:	Pero…Julia…¿Qué pasa?
Julia:	Una visita a la peluquería. Es diferente, ¿no?

Gramática

Did you see what we do when we want to write a sentence in the negative in Spanish? We need to put *no* before the verb. For example: *Julia **no** tiene el pelo rubio, tiene el pelo castaño.* ***No** es Julia.*

VOCABULARIO	
¿seguro…?	*are you sure…?*
la peluquería	*hairdresser's*

 Choose three phrases which can be used to describe each person below.

Tiene el pelo rubio.   No es baja.   No tiene el pelo castaño.
No tiene el pelo pelirrojo.   Tiene el pelo rizado.   No es alto.   No tiene el pelo liso.
Tiene el pelo rapado.   Tiene el pelo ondulado.   Tiene el pelo corto.
No tiene el pelo corto.   Tiene el pelo largo.   Tiene los ojos negros.   No es gordo.
No tiene los ojos negros.   Tiene los ojos azules.   No tiene los ojos verdes.
No es delgada.   No tiene pecas.   Tiene bigote.   No tiene barba.
Tiene pecas.   Tiene barba.   No tiene bigote.

Now tell your classmate one thing you <u>do</u> have and one you <u>don't</u> have.

Este es el futbolista Djibril Cissé.

Tengo barba. No tengo el pelo largo.

Study the people in the identification parade, then attempt the exercises below.

 Take turns with your classmate to describe the people in the identification parade. Your classmate has to guess who you are describing.

 Deduce which one is the thief from the following information.

El ladrón no tiene los ojos verdes. No tiene el pelo liso. No tiene bigote. No tiene el pelo largo. No es pelirrojo. No tiene los ojos negros. No tiene barba. No tiene el pelo castaño. No es delgado.

 Now describe the thief.

Learn how to describe famous personalities.

Work with your partner. Take turns to describe the appearance of the different personalities. Your partner has to guess who you are talking about.

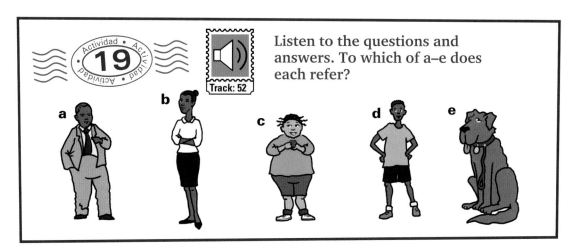

Actividad 19 · Track: 52

Listen to the questions and answers. To which of a–e does each refer?

a   b   c   d   e

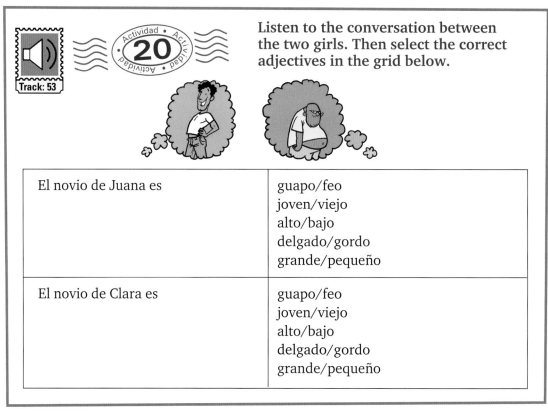

Actividad 20 · Track: 53

Listen to the conversation between the two girls. Then select the correct adjectives in the grid below.

El novio de Juana es	guapo/feo joven/viejo alto/bajo delgado/gordo grande/pequeño
El novio de Clara es	guapo/feo joven/viejo alto/bajo delgado/gordo grande/pequeño

Actividad 21

You are shopping with a friend in a crowded market. You lose your friend and approach a policeman to ask if he can help to find her. He asks what she looks like? How do you describe your friend?

Read the text and answer the questions below.

Los supermodelos internacionales son guapos y bastante altos y son todos muy flacos. Pero no es normal. En todos los países del mundo hay gente flaca, gorda, baja, alta, fea, guapa. No somos todos altos, flacos y guapos. Es una tontería*.

> todos = *all*
> muy = *very*
> la gente = *people*
> una tontería = *madness, stupidity*

1 Give three characteristics of international supermodels.

2 Why does the writer make a case against this fact?

3 What does the writer think the majority of the people of the world are like?

4 What is his opinion of the typical supermodel shape?

VOCABULARIO

elegante	*elegant*	grande	*big*
joven	*young*	feo/a	*ugly*
guapo/a	*good-looking*	viejo/a	*old*
bonito/a	*pretty*	pequeño/a	*small*

Nota Cultural

Physical descriptions can obviously apply to places and things as well as people. If we consider the physical aspects of the geography of South America, many of these can explain the nature of each country and its people.

Chile is a long, narrow country, with the Pacific Ocean to the west, the Andes to the east, desert in the north and glaciers in the south – a country of many contrasts. Its geography makes it a country easy to protect from outside influences, for example, they have a strict policy over the import of fruit or plant life, so as to protect their agriculture from unwanted pests or diseases.

The Amazon Basin extends into the eastern-most parts of Colombia, Ecuador, Peru and Bolivia, giving these countries a very different ecosystem in the east to that in the west of the country.

Study a map of the physical geography of Central and South America, and see what conclusions you might draw from the features you see.

  Track: 54

Listen and read what these people say as they ask the lifeguard about the missing persons. Can you find them on the beach?

1

Mi hijo se llama Alejandro. Es muy joven. Tiene 4 años. Es pequeño. Tiene el pelo rubio y rizado.

VOCABULARIO

de estatura mediana   *of medium build*

2

Mi novia es joven y muy guapa. Tiene 18 años. Es alta y delgada. Tiene el pelo castaño, largo y ondulado.

3

Mi perro es grande y bastante gordo. Es negro... y muy feo, pero es amable.

4

Mi padre es muy viejo, tiene 86 años. Tiene canas. Tiene barba.

5

Mi compañera se llama Marisol. Tiene 13 años. Es de estatura mediana. Tiene el pelo castaño y liso. Es guapa.

¿Cómo me ves?

In this unit you will:
- talk about people's character
- learn the names for some colours in Spanish

¿Cómo es de carácter?

Track: 55

Listen and read the following pairs of statements.

1

> Mi novio es pequeño, pero es valiente.

> Mi novio es grande, pero es tímido.

2

> Mi novia es organizada, pero es perezosa.

> Mi novia es desorganizada, pero es trabajadora.

3

> Mi dentista es feo, pero es simpático.

> Mi dentista es guapo, pero es antipático.

4

> Mi compañero es serio y callado.

> Mi compañero es alegre y hablador.

VOCABULARIO

¿cómo me ves?	*how do you see me?*	trabajador(a)	*hard-working*
		simpático/a	*nice, kind*
de carácter	*as a person, character-wise*	antipático/a	*mean, unkind*
		serio/a	*serious*
valiente	*brave*	callado/a	*quiet*
tímido/a	*shy*	alegre	*happy, fun-loving*
inteligente	*clever*	hablador(a)	*talkative*
perezoso/a	*lazy*	organizado	*organised*
tonto/a	*silly*	desorganizado	*disorganised*

Track: 56

Read the pairs of adjectives with opposite meanings. Listen again to the statements.
In which pair of statements do you hear each set of adjectives?

For example: **1** b, …

a serio | alegre

b grande | pequeño

c guapo | feo

d organizado | desorganizado

e simpático | antipático

f perezoso | trabajador

g valiente | tímido

h callado | hablador

Take turns with your classmate to describe your best friend. Say what he/she looks like and the kind of person he/she is. Use some negative sentences as well.

For example: Mi compañero/compañera (no) es…

Follow the words in the wordsnake. Make two lists: one for those adjectives that refer to positive qualities, and one for negative qualities.

The letters in each shape make one word. Work out what each word is, then put the words in the correct order to make a sentence.

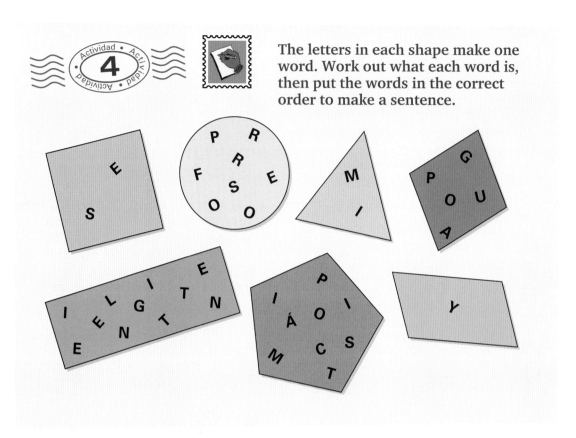

Listen and pair up each person speaking with the correct picture.

Read the dialogue, then answer the questions below.

Mercedes: Tus amigos son antipáticos.
Arturo: No son antipáticos. Son siempre simpáticos. Tus amigas son perezosas.
Mercedes: Mis amigas no son perezosas. Son trabajadoras. Tus amigos son serios.
Arturo: No son serios. Son muy alegres.
Profesora: Niños, niños. ¡Basta ya! Son todos muy buenos amigos.

1 When Mercedes calls Arturo's friends unkind, how does he reply?

2 Arturo calls Mercedes' friends lazy. What does she say?

3 When Mercedes says Arturo's friends are serious, what is his response?

4 How does the teacher end this disagreement?

Your brother is insulting your friends. You are defending them and contradicting whatever your brother says. Write what you reply.

For example:

Tu amigo es antipático.

No, no es antipático. Es muy simpático.

1 Tu amigo es muy tímido.

2 Tu amiga es desorganizada.

3 Tu amigo es muy serio.

4 Tu amigo es perezoso.

Gramática

Have you noticed how many of the Spanish words that we have met in this unit and earlier resemble words that we know in English, and give us clues to their meaning?
For example: *serio, tímido, valiente*.
And what about these: *optimista, generoso, agresivo, positivo*?
These words are called **cognates** and are useful tools in learning Spanish because they often help us with the meaning of the text as a whole.

You have met a boy/girl. You want to introduce him/her to your parents. They ask in advance what he/she is like as a person. What do you say? (Include a negative sentence in your answer as well.)

 Read the following extract from an email, sent by Juan to his new penfriend. Answer the questions which follow.

Enviar   Dirección   Ortografía   Adjuntar   Seguridad   Guardar

¿Tienes un animal en casa? Yo tengo un gato muy cariñoso, pero no tenemos perro porque mi padre es alérgico a los perros. Mis abuelos tienen una perra muy simpática que se llama Ruby. Tiene ocho años, es negra y bastante grande. Es muy cómica y bastante tonta.

1 What pet does Juan have?

2 How does he describe his pet?

3 Why do they not have a dog?

4 Who in his family has a dog?

5 Name three characteristics of the dog.

VOCABULARIO

| cariñoso | *affectionate* |
| alérgico/a | *allergic* |

You already know some colours. Here they are with some new ones. Listen and repeat the colours as you hear them.

Track: 58

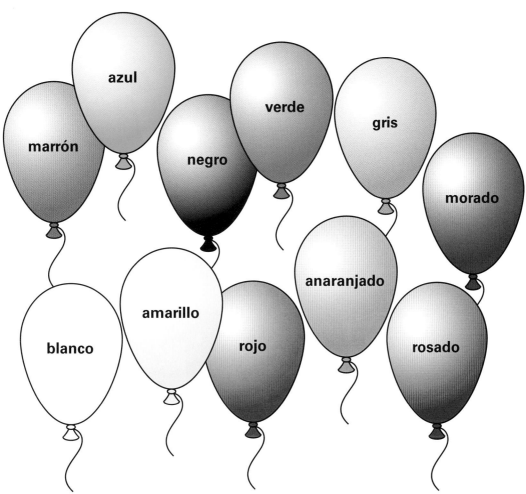

azul

verde

gris

marrón

negro

morado

anaranjado

amarillo

blanco

rojo

rosado

What is your favourite colour? Take turns with your classmates. Ask and answer in Spanish.

¿Cuál es tu color favorito?

Mi color favorito es...

Answer the following questions about the colours of the different football strips.

¿De qué color es la camiseta de... México?

¿Cuál es tu camiseta preferida? ¿De qué color es?

España

México

Inglaterra

Argentina

Colombia

Jamaica

Trinidad

Barcelona

Real Madrid

Manchester United

Nota Cultural

The flags of the Spanish speaking nations of South America are all different, but you will see some similarities between the flags of Venezuela, Colombia and Ecuador. All have horizontal stripes of yellow (top), blue (middle) and red (bottom). This is because, at independence in 1822, they formed a confederation: Gran Colombia. They parted ways in 1830 but retained a similar design for their flags.

Prueba 2 Unidades 5–8

A

1 Listen and answer these questions.

racks: 59–60

    1 What nationality is Alberto?
    2 Where is Roberto from?
    3 What nationality is Diego?
    4 Is Dalia Cuban?
    5 What nationality is Mónica?
    6 Where is the teacher from?

2 Listen to the descriptions of the dogs and pair up each one with the correct picture.

B

1 Study the identity cards below: yours and your two friends'.
Using the information given, introduce yourself and your friends.

For example:

Me llamo... Esteban/Marta   Mi amigo/a se llama...
Mi cumpleaños es...   Su cumpleaños es...
Tengo... años.   Tiene... años.
Vivo en...   Vive en...
Soy...   Es...

Nombre: Esteban Murillo
Cumpleaños: 11 de abril
Edad: 13
Domicilio: Madrid
Nacionalidad: español

Nombre: Marta Ruíz
Cumpleaños: 31 de diciembre
Edad: 12
Domicilio: Caracas
Nacionalidad: venezolana

Nombre: Claudio Martínez
Cumpleaños: 22 de agosto
Edad: 11
Domicilio: Buenos Aires
Nacionalidad: argentino

C

1 Juan is answering an email sent to him by his Spanish-speaking pen pal, who asked him what he and his family were like. Read the email. Are the statements below true or false?

Enviar   Dirección   Ortografía   Adjuntar   Seguridad   Guardar

¡Hola amigo!

¿Qué tal? Aquí todo está bien.

¿Quieres saber cómo es mi familia? Bueno yo soy alto, como mi mamá y mi papá. También soy delgado, pero mi madre es gorda. De carácter, soy positivo y optimista. Soy trabajador y alegre. Mis padres son muy trabajadores y simpáticos también. Mi hermana no es sincera, y es antipática.

¿Cómo eres tú? ¿Cómo son tus padres y tus hermanos?

Un saludo

Juan

1 Todos son altos en la familia de Juan.
2 La mamá de Juan es delgada.
3 Juan no es optimista.
4 Juan no es muy trabajador.
5 Los padres de Juan son trabajadores.
6 La hermana de Juan es sincera.
7 La hermana de Juan no es simpática.
8 La hermana de Juan es alegre.

2 Read the following passage and then fill in each gap in the family tree with the correct name.

> Hola. Yo soy Manolo. Tengo una hermana que se llama Ana. Mis padres se llaman Patricia y Emilio, y mis abuelos son Mariluz y Francisco. Tengo dos tíos: el tío Pablo y la tía Sofía; y dos primos: Jaime y Carlota.

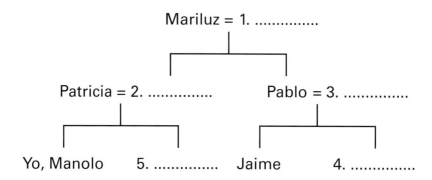

Mariluz = 1. ....

Patricia = 2. ....   Pablo = 3. ....

Yo, Manolo   5. ....   Jaime   4. ....

D **1** Write a description of this missing boy for the poster. Give five or six details.

Niño perdido

Juan tiene...

Llama al tfno. 56 73 92

2 Fill in the gaps in the following dialogue, using the words in the box.

– Hola. ¿ ... tal?
– Bien, ... ¿Y ...?
– Bien, bien. Pero no tengo mi perro.
– ¿Cómo ... ?
– Es ... grande. Tiene los ojos ... , y el pelo ... y liso.
– ¿Es éste tu perro?
– No, mi ... no es ..., es delgado.

bastante	qué	negros
largo	gordo	gracias
perro	tú	es

UNIDAD 9

¿Qué día es hoy?

In this unit you will:
- revise numbers
- say the day, month and date
- tell the time

Los números 1–29

Count from 1 to 21.

1, 2, 3, 4, 5, 6...

Track: 61

Listen and repeat the numbers 22 to 29.

veintidós veintitrés veinticuatro

veinticinco veintiséis veintisiete

veintiocho veintinueve

Juego

Un código secreto.

A = 1	G = 7	M = 13	R = 19	X = 25
B = 2	H = 8	N = 14	S = 20	Y = 26
C = 3	I = 9	Ñ = 15	T = 21	Z = 27
D = 4	J = 10	O = 16	U = 22	
E = 5	K = 11	P = 17	V = 23	
F = 6	L = 12	Q = 18	W = 24	

¿Qué países son?

1 diecisiete uno diecinueve uno siete veintidós uno veintiséis

2 tres ocho nueve doce cinco

3 tres veintidós dos uno

¿Qué ciudades son?

4 dieciocho veintidós nueve veintiuno dieciséis

5 tres uno diecinueve uno tres uno veinte

6 doce nueve trece uno

¿Qué nombres son?

7 catorce veintidós diecinueve nueve uno

8 diecisiete cinco cuatro diecinueve dieciséis

¿Qué números son?

9 cuatro nueve cinco tres nueve veinte nueve cinco veintiuno cinco

10 veinte cinco nueve veinte

¿Qué instrucciones son?

11 cinco veinte tres diecinueve nueve dos cinco

12 cinco veinte tres veintidós tres ocho uno

Actividad 2

Track: 62

Listen. In what order do you hear the telephone numbers?

a 26–13–19   **b** 25–10–18   **c** 21–15–14   **d** 22–17–11

Actividad 3

Pair up the numbers with the pictures.

a veintiocho

b veinte

c veinticuatro

d once

e trece

f veintiuno

g quince

h siete

i veintitrés

j catorce

Listen and repeat.

30   31   32   33   34   35   36   37   38   39

$36 - 10 = 26$
$7 \times 5 = 35$
$32 \div 2 = 16$
$14 \times 2 = 28$
$12 + 21 = 33$

Actividad 5

Help the teacher to mark the work. How many sums are correct?

Gloria
treinta y seis menos diez son *veintiocho*
siete por cinco son *treinta y cinco*
treinta y dos entre dos son *dieciséis*
catorce por dos son *treinta*
doce más veintiuno son *treinta y cuatro*

Pili
treinta y seis menos diez son *veintiséis*
siete por cinco son *treinta*
treinta y dos entre dos son *dieciocho*
catorce por dos son *veintiséis*
doce más veintiuno son *treinta y tres*

Carlos
treinta y seis menos diez son *dieciséis*
siete por cinco son *treinta y cinco*
treinta y dos entre dos son *doce*
catorce por dos son *veintiocho*
doce más veintiuno son *treinta*

David
treinta y seis menos diez son *veinticuatro*
siete por cinco son *veinticinco*
treinta y dos entre dos son *treinta*
catorce por dos son *dieciocho*
doce más veintiuno son *treinta y tres*

más +   menos –   por ×   entre ÷

Now write out the correct versions in words of all the incorrect sums in the box in Actividad 5.

Listen and write down the four telephone numbers in Spanish.

For example: treinta y seis…

¿Qué día es hoy?

Listen and repeat the days of the week.

lunes   martes   miércoles   jueves   viernes   sábado   domingo

Tracks: 65–66

Now listen to the rap, and repeat it.

> lunes, estoy fatal
> martes, bastante mal
> miércoles, regular
> jueves, bastante contento
> viernes, emocionado
> sábado, muy alegre
> domingo, ¿Qué tal? Pues… mal.

Actividad 8

Take turns with your classmate to practise the days of the week in Spanish. Name one day, then say which two days follow.

Gramática

Have you noticed something about the days of the week in Spanish: *lunes, martes*, etc.? None of them has a capital letter. They all begin with common letters.

Actividad 9

These abbreviations may appear on a Spanish calendar. To which days do they refer?

lu.   ma.   sá.   mi.   do.   vi.

VOCABULARIO

fatal	*terrible*
emocionado/a	*excited*
hoy	*today*
mañana	*tomorrow*
ayer	*yesterday*
fue	*was*

Actividad 10

Read the example, then complete the sentences that follow in the same way.

Example: Si hoy es lunes, mañana es martes y ayer fue domingo.

1 Si hoy es sábado, …

2 Si hoy es miércoles, …

3 Si hoy es viernes, …

¿Qué mes es?

Listen and repeat the months of the year.

Track: 67

a enero

b febrero

c marzo

d abril

e mayo

f junio

g julio

h agosto

i septiembre

j octubre

k noviembre

l diciembre

Track: 68

Actividad 11

Listen. Write down the months you hear. Which months did you not hear? Answer in Spanish.

Nota Cultural

In Spain and other Spanish-speaking countries, certain days of the year are celebrated in a special way.

6 de enero – el Día de los Reyes, when Spanish children traditionally receive their Christmas gifts from the Three Kings.

Carnaval – the days before Lent are celebrated with music and parades in the streets.

Semana Santa – when solemn processions are held in the streets of Spain, to commemorate Holy Week.

7 de julio – the first day of the San Fermín bull running festival in Pamplona, Spain. Each day of the festival, six bulls are set free to run through the streets of the town at 7 a.m., chasing a crowd to the bullring. Later the same day these bulls appear in a bullfight.

12 de octubre – el Día de la Hispanidad, the day when Colombus is said to have set foot in the New World.

 2 de noviembre – el Día de los Muertos. In Mexico, families go to the cemeteries and hold parties at the graveside of their loved ones, in order to remember them and keep their souls company.

24 de diciembre – Nochebuena: Christmas Eve.

25 de diciembre – el Día de Navidad: Christmas Day.

28 de diciembre – el Día de los Santos Inocentes, the day when practical jokes are played in Spain.

31 de diciembre – Nochevieja: on New Year's Eve in Spain, the custom is to eat twelve grapes. A grape should be eaten each time the clock chimes at midnight. To manage to eat all twelve grapes at the right time is said to bring good luck for the coming year.

See if you can find out more about these special days. For example, can you find out about *los villancicos* (Christmas carols)?

Take turns with your classmate to ask and answer which month is represented by each of the following pictures.

For example: ¿En qué mes estamos? Estamos en diciembre.

1   2   3 Prueba 4   5

6   7   8  COLEGIO

Track: 69

Listen and read these dates.

a 13 agosto

c 19 febrero

e 3 julio

g 8 mayo

b 30 septiembre

d 1 enero

f 6 abril

h 21 diciembre

Gramática

Do you see what is the same about the months and the days of the week? They all begin with a common letter.

Track: 70

What is the date today?
Write the date you hear.

El Día de los Muertos, 2 de noviembre

El Día de la Hispanidad, 12 de octubre

Now take turns with your classmate to read the dates you wrote down in Actividad 13. Check to see that you have the same dates.

Gramática

There are alternative ways to ask the date: ¿A cuántos estamos? or ¿Cuál es la fecha?

Put these dates in calendar order.

a el veinte de junio

b el dieciséis de octubre

c el seis de mayo

d el siete de enero

e el treinta y uno de diciembre

f el doce de septiembre

g el cuatro de marzo

h el cinco de octubre

Create a page from the calendar for the month you are in. Choose four dates and write them in full in Spanish.

For example:
martes, seis de marzo

marzo

lu	ma	mi	ju	vi	sá	do
			1	2	3	4
5	6	7	8	9	10	11
12	13	14	15	16	17	18
19	20	21	22	23	24	25
26	27	28	29	30	31	

Track: 71

Listen and read the following dialogue in which María and Roberto discuss birthdays.

Roberto: Hola, María.
María: ¡Hombre! Roberto, ¿qué tal?
Roberto: Bien, bien. ¿Y tú?
María: Yo, chévere. Hoy es mi cumpleaños.
Roberto: Pues, felicitaciones. ¡Que lo pases bien!
María: Gracias, Roberto.
Roberto: Pero, ¿qué fecha es hoy?
María: Hoy es el doce de octubre.
Roberto: ¡No me digas! Mañana es el cumpleaños de mi mamá.

Gramática

el lunes, *el* martes etc. means **on** Monday, Tuesday, etc. and the plural *los* lunes means **on** Mondays. e.g. *Es mi cumpleaños el sábado. ¡Los lunes, estoy fatal!*

VOCABULARIO

¡hombre!	hey!
el cumpleaños	birthday
pues	well
felicitaciones	congratulations, happy birthday
¡que lo pases bien!	have a good time!
la fecha	date

Track: 72

 17

Listen to the information about birthdays. Copy and
complete the grid.

For example:

> Hoy es siete de
> abril. Es el día de mi
> cumpleaños. Hoy
> cumplo doce años.

Date	Month	Whose birthday	Age
Example: 7	April	My birthday	12
1			
2			
3			
4			
5			

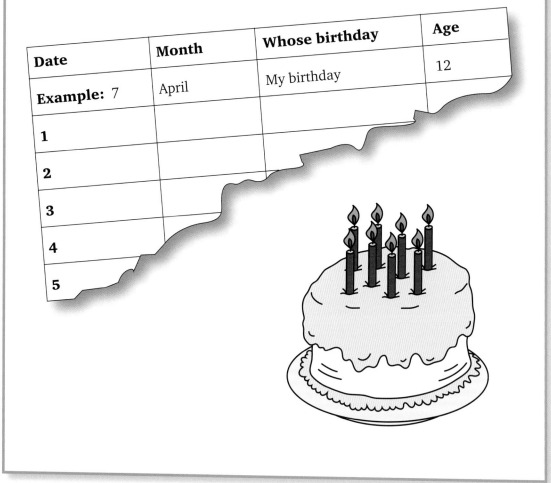

Ask six different people in the class when their birthday is. Record the information.

> ¿Cuándo es tu cumpleaños?

> Mi cumpleaños es el...de...

Nota Cultural

In Spanish-speaking countries people celebrate not only their birthday, but also their saint's day: *el santo*. If you are named after a saint, for example *Santo Tomás*, *Santa Catalina*, etc., you celebrate the day of that patron saint.

Un proyecto

Make a poster-size calendar for the year with a box for each month, labelled in Spanish.

Ask your classmates their date of birth, and write them in Spanish on the calendar in the appropriate box.

For example:

> Gregorio, ¿cuándo es tu cumpleaños? Es el primero de mayo.

Add family birthdays and other significant dates in Spanish, such as national days, *el Día de la Independencia*, etc.

Look at these notices, then choose the correct option to complete each sentence.

a

HOTEL CERRADO
POR REPARACIONES
del 1/11 al 15/12

b

CALLE CORTADA
del 11/4 al 27/5

c

PISCINA ABIERTA
del 31/3 al 1/10

d

VACACIONES
ESCOLARES
del 21/12 al 5/1
del 31/3 al 23/4
del 27/6 al 1/9

e

TRIMESTRE
ESCOLAR
del 2/9 al 20/12
del 6/1 al 30/3
del 24/4 al 26/6

1 El hotel está cerrado…
- **a** el tres de octubre
- **b** el seis de noviembre
- **c** el dieciséis de diciembre

2 La calle está cortada…
- **a** el treinta de mayo
- **b** el tres de abril
- **c** el treinta de abril

3 La piscina está abierta…
- **a** el quince de marzo
- **b** el tres de octubre
- **c** el seis de junio

4 Estamos de vacaciones…
- **a** el veinticinco de diciembre
- **b** el veinticinco de abril
- **c** el veinticinco de mayo

5 Hay colegio…
- **a** el trece de agosto
- **b** el trece de abril
- **c** el trece de septiembre

VOCABULARIO	
del... al...	*from... to...*
cerrado/a	*shut*
por	*for*
la calle	*street*
cortado/a	*cut, closed*
la piscina	*swimming pool*
abierto/a	*open*
las vacaciones escolares	*school holidays*
el trimestre	*term*
estar de vacaciones	*to be on holiday*

Track: 73

Listen and read the following conversation.

Gramática

Did you see and hear how to tell the time in Spanish? We use the verb *ser*.
For example: *Son las seis. Son las nueve.*
BUT: **Es** *la una*. This is because 'one o'clock', *la una,* is singular.
Do you see how to say 'half past'?
Y media.
Note: *en punto* = o'clock /on the hour, e.g. *las diez en punto.*

Track: 74

Bernardo is driving home from school with his mother. He wants to be home by half past four as there is an important football match being shown, but the traffic is really bad …

Bernardo: ¿Qué hora es?
Mamá: Las cuatro, ¿por qué?
Bernardo: No importa.

Bernardo: ¿Qué hora es?
Mamá: Las cuatro y cinco, ¿qué te pasa?
Bernardo: No es nada

Bernardo: ¿Qué hora es?
Mamá: ¡Qué pesado eres! Las cuatro y diez.
Bernardo: ¡Qué tráfico!

Bernardo: ¿Qué hora es?
Mamá: ¡Ay, hijo! Son las cuatro y cuarto.
Bernardo: ¿No hay otra ruta?

Bernardo: ¿Qué hora es?
Mamá: Las cuatro y veinte, ¿cuál es tu problema?
Bernardo: El partido de fútbol es a las cuatro y media. Es mi equipo favorito. Es un partido muy importante.
Mamá: No te preocupes. Te estoy grabando el partido.
Bernardo: Mamá, te quiero mucho. Eres una maravilla, la mejor madre del mundo.
Mamá: Sí, sí. Ya lo sé, hijo.

VOCABULARIO

¡levántate!	*get up!*	no es nada	it's nothing
¡date prisa!	*hurry up!*	pesado	nuisance, pain in the neck
¡apúrate!	*hurry up!*	el partido	match
rápido/a	*quick*	el equipo	team
¡qué tarde es!	*how late it is!*	no te preocupes	don't worry
aburrido/a	*boring*	te estoy grabando el partido	I am recording the match for you
y cuarto	*quarter past*	te quiero	I love you
y media	*half past*	una maravilla	marvel
no importa	*it doesn't matter*	mejor	best
¿qué te pasa?	*what's up with you?*	ya lo sé	I know

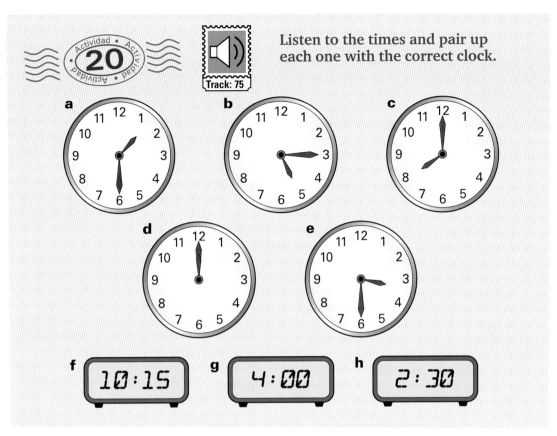

Actividad 20

Track: 75

Listen to the times and pair up each one with the correct clock.

a b c d e

f 10:15 g 4:00 h 2:30

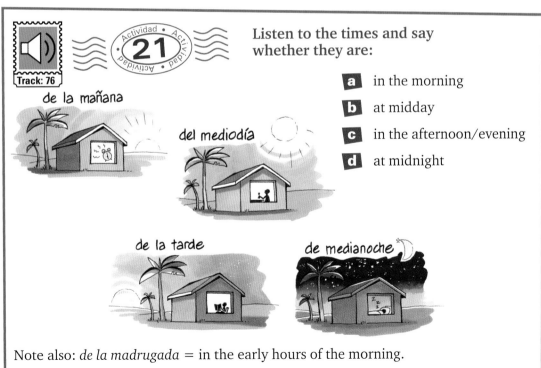

Track: 76

Actividad 21

Listen to the times and say whether they are:

a in the morning

b at midday

c in the afternoon/evening

d at midnight

de la mañana

del mediodía

de la tarde

de medianoche

Note also: *de la madrugada* = in the early hours of the morning.

Read the description of the time in different zones of the world below, then answer the questions, choosing the answers from the box. Be careful, there will be some answers left over.

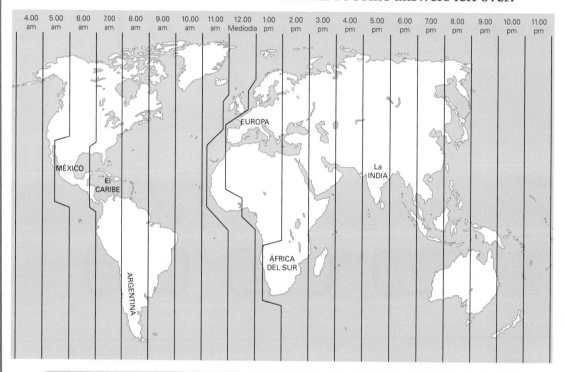

Cuando son las doce del mediodía en Londres, es la una de la tarde en Europa, son las dos de la tarde en África del sur y las cinco de la tarde en partes de la India. Pero en Argentina son las ocho de la mañana, en el Caribe son las siete de la mañana, y en México son las seis de la mañana.

Cuando son las doce del mediodía en Londres, ¿qué hora es…

1 …en Argentina?

2 …en Europa?

3 …en África del sur?

4 …en partes de la India?

5 …en México?

6 …en el Caribe?

a 1 p.m.	**b** 2 p.m.	**c** 3 p.m.	**d** 5 p.m.
e 8 p.m.	**f** 9 p.m.	**g** 4 a.m.	**h** 6 a.m.
i 7 a.m.	**j** 8 a.m.		

¿Qué hora es?

Listen and read.

Track: 77

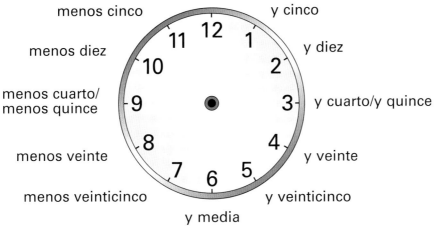

menos cinco — y cinco
menos diez — y diez
menos cuarto/ menos quince — y cuarto/y quince
menos veinte — y veinte
menos veinticinco — y veinticinco
y media

Gramática

Have you noticed how to express minutes past the hour and minutes to the hour in Spanish?

10 past = *y diez*
10 to = *menos diez*

Actividad 23

Take turns with your classmate to ask the time and answer, using the following times.

¿Qué hora es?

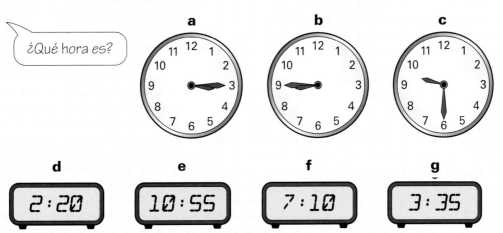

a b c

d **2:20** e **10:55** f **7:10** g **3:35**

Actividad 24

Track: 78

Listen and read the picture story, then answer the questions that follow in English.

¿Qué hora es, Mamá?

Son las diez menos veinticinco, Bartolomeo.

¡Las diez menos veinticinco! ¡Ay no! ¡El autobús! ¡Adiós!

PARADA

Por favor, ¿qué hora es?

Son las nueve y veinte.

¿Y qué fecha es hoy?

Hoy es el veintiocho de diciembre.

¡Ay no! ¡El día de los Santos Inocentes!

1 What time does the mother say it is?

2 Why does Bartolomeo leave in a hurry?

3 What happens when he gets to the bus stop?

4 What time does the gentleman say it is?

5 What does Bartolomeo ask next?

6 What is the significance of the date?

¿A qué hora pasan…?

Isabel: ¿A qué hora pasan *La Guerra de las Galaxias*?

Clara: Mira…a las cuatro, a las seis y media y a las nueve.

Isabel: ¿A qué hora vamos* entonces?

Miriam: ¿A las seis y media?

Clara: Bueno, son las cinco ya. ¿Entonces, a las seis y cuarto en el cine?

Miriam: Sí, vale.

Isabel: Hasta luego, entonces.

Track: 79

CINE GOYA
Star Wars –
La Guerra
de las Galaxias
Horas de proyección:
4.00, 6.30, 9.00

* vamos = *we go, from the verb* ir (*to go*):
voy (*I go*), vas (*you go*), va (*he/she goes, you go*)
vamos (*we go*), van (*they/you go*)

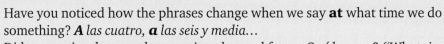
Gramática

Have you noticed how the phrases change when we say **at** what time we do something? **A** *las cuatro,* **a** *las seis y media*…
Did you notice the way the question changed from *¿Qué hora es?* ('What time is it?') to *¿A qué hora…?* ('At what time…?')

Actividad 25

Study the TV schedule.
What programmes are on at these times?

CANAL PLUS

3.05 Noticias
3.20 El tiempo
3.25 Telenovela:
    La Sirena
3.50 Documental:
    El Caribe
4.30 Deportes:
    béisbol
6.00 Programas
    para niños

¿Qué pasan …

1 …a las cuatro y media de la tarde?

2 …a las tres y cinco de la tarde?

3 …a las cuatro menos diez de la tarde?

4 …a las seis de la tarde?

5 …a las tres y veinte de la tarde?

6 …a las tres y veinticinco de la tarde?

Read the following notices giving details of the opening and closing times of various places. Then answer the questions. Answer *sí* or *no*.

For example: ¿El parque zoológico está abierto a las dos y media en agosto? Sí.

1 ¿El supermercado está abierto a las once y media?

2 ¿El parque zoológico está abierto en octubre?

3 ¿Hay autobús para Tijuana a las doce y cuarto?

4 ¿El parque zoológico está abierto en mayo?

5 ¿El supermercado está abierto a las cinco menos cuarto?

6 ¿El restaurante está abierto el lunes a las 9 de la noche?

SALIDA DE AUTOBUSES de la CIUDAD DE MÉXICO

11:05	con destino Tijuana
12:15	con destino Taxco
12:50	con destino Guadalajara
13:00	con destino Tequila

Supermercado GIGANTE

Abierto de 8.30 a 2.00 y de 5.00 a 8.00

Parque Zoológico

Abierto de 10 a 5 Cerrado desde octubre hasta marzo

Restaurante La Pampa

Abierto de 7 a 10, excepto los lunes

Make up some true or false sentences of your own, giving the bus times or the opening and closing times of the places in Actividad 26. Try them on your classmate. Ask him/her whether they are true or false.

VOCABULARIO

pasan	*they put on, they show*
vamos	*we go*
entonces	*then*
ya	*already*
entonces	*so, therefore*
vale	*okay*
las noticias	*the news*
el tiempo	*the weather*
la telenovela	*soap opera*
los deportes	*sports*
los niños	*children*
la salida	*departure*

You are talking via the internet to a friend in Australia. You want to find out the time difference. You state the time where you are and ask what time it is there. What do you say?

Joaquín wants to go to the cinema with his friends. Read the conversation he has with his mother and answer the questions which follow.

Joaquín: Mamá, están pasando* la última película en la serie de *Rápidos y furiosos* en el cine.
Mamá: ¿A qué hora?
Joaquín: Hay dos sesiones, a las 7 y a las 10.
Mamá: A las 10 es muy tarde.
Joaquín: ¿Y a las 7?
Mamá: Bueno, es que vienen de visita tu tío Raúl y tus primos.
Joaquín: Pero mamá …
Mamá: Sí, sí, ya lo sé. Pero vienen de lejos. Es muy difícil.
Joaquín: ¿Y si voy con los primos al cine?
Mamá: Pues, es posible. Sí, ¿por qué no?
Joaquín: Gracias, mamá.

*están pasando = they are showing

1 Which film does Joaquín want to see? Give two details.

2 How many showings are there?

3 What is wrong with the 10 o'clock show?

4 Why is the mother hesitating about Joaquín going at 7?

5 Why in particular is it difficult?

6 What suggestion does Joaquín make, to resolve the problem?

VOCABULARIO

último	*last*	de lejos	*from far away*
vienen de visita	*they are coming to visit*	difícil	*difficult*
		ya lo sé	*I know (already)*

La vuelta al colegio

UNIDAD 10

In this unit you will:

- identify various things connected with school
- describe your classroom/school
- say what you have/own
- learn to say where things are

La vuelta al colegio

Track: 80

Listen to the story, using the pictures to help you follow it.

Mamá: Es el primero de septiembre – el fin de las vacaciones.
Mañana – el colegio. A ver si tienes todo. ¿La mochila?

Emilia: Muy bien. La mochila.

Mamá: ¿El estuche?

Emilia: Sí, el estuche.

Mamá: ¿La pluma?

...

la agenda

primero de septiembre

la mochila

la calculadora

el estuche

la pluma

el diccionario

el bolígrafo

las carpetas

los lápices

los cuadernos

la regla

los libros

el sacapuntas

la goma

los marcadores

Listen and repeat each of the 15
articles you hear mentioned.

VOCABULARIO

a ver	*let's see*
aquí	*here*
¿qué más?	*what else?*
estás preparado/a	*you are ready*
estoy cansado/a	*I am tired*

Spot the difference between
pictures A and B. See how many
sentences you can write saying
what the differences are.

For example: En A hay un marcador, en B no hay marcador.

Gramática

When we talk about something in the negative we don't need a word for 'a' or 'some' (the indefinite article *un/una/unos/unas*). For example: *No tengo lápiz.* But if we are talking about a particular one we put in the word for 'the' (the definite article *el/la/los/las*). For example: *No tengo **el** lápiz rojo.*

Actividad 3 · Track: 82

Listen to the classmates. Each one of them is missing an item of school equipment. What is it?

Gloria   María   Luis   Sergio

Actividad 4

What are these mystery photos?

a

b

c

d

Create a role-play in which you ask for items of equipment from a friend.

¿Tienes un lápiz o un bolígrafo?

Sí, tengo un bolígrafo. No tengo lápiz.

Read the descriptions of what is in each person's backpack, then answer these questions.

1 Name three items in Rita's backpack.

2 What has Pablo got in his backpack that Jaime hasn't?

3 Who has the most articles?

Rita

En mi mochila hay un *estuche*, unos lápices, una regla y una goma. No tengo sacapuntas pero tengo mi diccionario y mi calculadora.

Pablo

En mi mochila tengo una pluma, unos libros, la agenda y una carpeta. No tengo marcadores.

Jaime

En mi mochila hay unos cuadernos, un bolígrafo, unos lápices, unos marcadores y un sacapuntas. No tengo carpetas, pero tengo mi agenda y una pluma.

VOCABULARIO

la mochila	backpack
el estuche	pencil case
la pluma	pen
el bolígrafo	ballpoint pen
el lápiz	pencil
la regla	ruler
el marcador	felt-tip pen
la goma	eraser
el sacapuntas	pencil sharpener
el libro	textbook
el cuaderno	exercise book
la carpeta	file, folder
el diccionario	dictionary
la calculadora	calculator
la agenda	diary
el boletín	end of year report
la tableta	tablet computer
caro/a	expensive

Gramática

Note the use of the verb *tener* – to have. *Tengo una pluma* – I have a pen.

You have lost your backpack. Can you describe what is in it? Use adjectives to say what the things in it are like. Also say what <u>isn't</u> in your backpack.

Read the following and answer the questions.

Es el fin del año escolar. Tengo el boletín con las notas finales. ¡Mis papás están contentos!

Ahora preparo las cosas para el nuevo trimestre. Ya tengo la mochila, el estuche… quiero una tableta pero mi mamá dice que una tableta es muy cara.

Mamá, necesito una tableta. Es muy útil* para los deberes**.

1 Why are the boy's parents happy?

2 What extra item is the boy asking for?

3 Why is his mother saying 'no'?

> *útil = *useful*
> **los deberes = *homework*

Jaime brought his school report home but 'forgot' (!) to give it to his parents. He is at a sleepover at a friend's house to celebrate the end of term. His mother calls him on his cell phone.

Answer the questions which follow the conversation.

> *
> el mueble = *the furniture unit*
> tampoco = *neither*
> lo siento = *I am sorry*
> el bolsillo = *pocket*
> cuelga = *he hangs up*

1 Why does Jaime's mother call?

2 Where does Jaime first suggest she finds his report?

3 Where else might it be next?

4 How many different places in his back pack does he suggest?

5 What might it be between?

6 Where does he finally find the report?

Mamá: Jaime:

Jaime, es tu mamá. ¿Tienes el boletín del colegio?

Sí, sí.

Pues, ¿dónde está?

¿No está en la mesa?

No, no está.

¿Y en el mueble*?

No, tampoco.*

Bueno, está en mi mochila entonces.

Quiero ver el boletín ahora.

Pues, ¿está en mi mochila?… ¿dentro de mi agenda? ¿o en la carpeta? ¿O entre los libros?

No, no está.

Pues, ah, sí, lo siento* mamá, está aquí en mi bolsillo*. Hasta mañana mamá.

Jaime …

Jaime cuelga* el teléfono.

Listen and repeat the names of the things in this classroom.

1 el ventilador

2 la luz

3 la ventana

4 la puerta

5 la pizarra

6 el profesor

7 el borrador

8 la computadora

9 el armario

10 la estantería

11 la profesora

12 la papelera

13 la mesa

14 la alumna

15 el alumno

16 la silla

17 el pupitre

Track: 83

Work in pairs. Look around the classroom. Take turns to ask your classmate what different things are called in Spanish.

¿Còmo se llama esto en español?

¿Còmo se llaman estos/as en español?

List in Spanish all the items you can identify in this picture. There are eight to find.

Track: 84

Listen and read Nuria's description of her school in Venezuela.

COLEGIO SAN FERNANDO

Mi *colegio* se llama Colegio San Fernando.
Es grande y moderno. Es mixto.
Hay 900* alumnos y 82 profesores.
Tenemos uniforme. Es bastante bonito. Es azul y blanco.

*novecientos = 900

Nota Cultural

Schooling systems in the Hispanic world vary from country to country. In Spain, for example, school is compulsory from the age of 6 to 16; in Venezuela from 6 to 17.

The school day will often vary according to the time of year. For example in Spain during the summer, the school day ends at 2 p.m.

In Latin-American countries, most school children wear school uniform, whereas in Spain it is not usual to wear uniform.

In Spanish primary schools, children address their teachers by their given name, prefacing the name with *Don* or *Doña,* for example *Don Gregorio* or *Doña María*. In secondary schools they generally use given names only: *¡Hola, María!*

In Spanish speaking Latin America children in primary schools address their teachers as *maestro/a*, or sometimes señorita/seño for the female teacher.

In secondary school and university, teachers are addressed as *profesor/a* or *profe*.

Work in pairs. Classmate A remains on this page and classmate B turns to page 174. Ask and answer the following questions about two different schools, using the prompts provided.

Classmate A: questions to ask classmate B

¿Cómo se llama tu colegio?	¿Cuántos profesores hay?
¿Es masculino, femenino o mixto?	¿Tienes uniforme?
¿Cómo es?	¿Cómo es? ¿De qué color es?

Classmate A: answers to questions from classmate B

¿Cómo se llama tu colegio?	Colegio San Isidro.
¿Es masculino, femenino o mixto?	Es mixto.
¿Cómo es?	Es pequeño y antiguo.
¿Cuántos profesores hay?	Hay 62 profesores.
¿Hay uniforme?	Sí, hay uniforme.
¿Cómo es? ¿De qué color es?	Es rojo y blanco.

VOCABULARIO

el ventilador	*fan*
la luz	*light*
la ventana	*window*
la puerta	*door*
la pizarra	*blackboard*
el profesor	*male teacher*
el borrador	*board rubber*
la computadora	*computer*
el armario	*cupboard*
la estantería	*bookshelf*
la profesora	*female teacher*
la papelera	*wastepaper bin*
la mesa	*table*
la alumna	*girl pupil*
el alumno	*boy pupil*
la silla	*chair*
el pupitre	*desk*

You are writing to your pen pal. Tell him/her about your school. Answer the questions you asked in Actividad 12.

Listen and read the conversations.

Track: 85

1
– ¿De dónde eres?
– Soy de Valparaíso.
– ¿Dónde está?
– Está en Chile, en la costa.

2
– ¿De dónde eres?
– Soy de Ocho Ríos.
– ¿Dónde está?
– Está en el norte de Jamaica.

3
– ¿De dónde eres?
– Soy de Cancún.
– ¿Dónde está?
– Está en el este de México.

4
– ¿De dónde eres?
– Soy de Bonasse.
– ¿Dónde está?
– Está en el sur de Trinidad.

5
– ¿De dónde eres?
– Soy de Madrid.
– ¿Dónde está?
– Está en el centro de España.

6
– ¿De dónde eres?
– Soy de Los Ángeles en California.
– ¿Dónde está?
– Está en el oeste de los Estados Unidos.

Gramática

Did you notice anything about the verbs used in the conversations? There are two different verbs in Spanish that mean 'to be': *ser* and *estar*.

Use *ser* to describe where you are from; use *estar* to describe where that place is.
For example: **Soy** *de Madrid. Madrid* **está** *en el centro de España.*

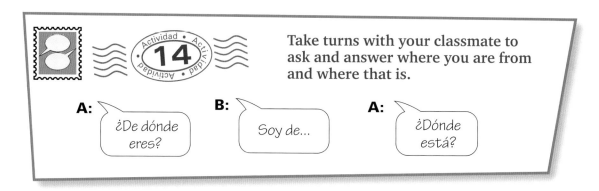

Actividad 14

Take turns with your classmate to ask and answer where you are from and where that is.

A: ¿De dónde eres?

B: Soy de...

A: ¿Dónde está?

Actividad 15

Turn back to the map of the Spanish-speaking world on page 8. Take turns with your classmate to make a sentence, which can be true or false, describing the position of a place on the map in relation to another place. Your partner has to say if the statement is true or false, and correct those which are false.

For example:

Chile está en el norte de Latinoamérica.

No. Está en el sur de Latinoamérica.

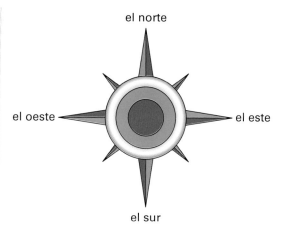

el norte

el oeste

el este

el sur

VOCABULARIO

en	*in*
el este	*east*
el norte	*north*
el oeste	*west*
el sur	*south*
el centro	*centre*

¿Dónde está?

Listen and read the following conversation in the classroom.

Track: 86

1

Marta:	No tengo mi mochila. ¿Dónde está?
Leonor:	Mira, está sobre el armario.
Marta:	Ay sí, gracias.

2

Marta:	¿Dónde está Clarita?
Leonor:	Mira, está enfrente de Silvia.
Marta:	Ah, sí. Hola, ¿qué tal?

3

Marta: ¿Dónde está mi regla.
Leonor: Mira, está al lado de la silla.

4

Marta: No tengo mi lápiz.
Leonor: Mira, está ahí, al lado del
               cuaderno.

5

Marta: No tengo mi libro.
Leonor: Mira, está aquí, debajo de la
               carpeta.

6

Marta: ¿Dónde está mi agenda?
Leonor: Mira, está debajo del libro.

7

Marta: ¿Dónde está la papelera?
Leonor: Mira, está allí, entre la pizarra
               y la puerta.

8

Marta: ¿Dónde está mi bolígrafo?
Leonor: Mira, está delante de tus ojos.
Marta: Ah, sí. ¡Qué tonta soy!

9

Marta: ¿Dónde está la profesora?
Profesora: Estoy aquí, detrás de ti.
Marta: ¡Ay mamá madre!

VOCABULARIO

sobre (*also* encima de)	*on*
enfrente de	*opposite*
al lado de	*next to*
debajo de	*under, beneath*
entre	*between*
delante de	*in front of*
detrás de	*behind*
detrás de ti	*behind you*
aquí	*here*
ahí	*there*
allí	*over there*

Gramática

We have met and used the words *mi/mis* (my), *tu/tus* and *su/sus* (your, his/her) throughout the book when talking about to whom something belongs. It is useful also to know *nuestro/nuestra/nuestros/nuestras* (our), and that *su/sus* can also mean 'their'.

Note how these possessive adjectives change their ending according to what is owned, not the owner, e.g. *Pablo tiene sus libros en su mochila*. We can also use *de* + noun to indicate possession, e.g. *Es la mochila de Pablo*.

We meet *aquí* (here), *ahí* (there) and *allí* (over there, further away) in these dialogues. *Allá* is also sometimes used instead of *allí* to mean way over there.

Gramática

Have you noticed that some of the words or phrases require the word *de* after them?

When *de* is followed by *la, los* or *las* it remains the same. But when it is followed by *el*, it changes: *de* + *el* = *del*

For example: *enfrente **de la** ventana* BUT *enfrente **del** pupitre*.

Track: 87

Listen to the dialogue. Then say whether the following statements are true or false.

1 La calculadora está debajo de los marcadores.

2 La goma está delante del libro.

3 Los lápices están detrás del estuche.

4 La carpeta está al lado del libro.

5 La regla está encima de la carpeta.

6 El bolígrafo está debajo de la agenda.

In each of the pictures below, there <u>should</u> be a pencil, a ruler, an eraser, a fountain pen, a ball pen and a pencil sharpener. But in each picture one of these is missing. Ask and answer what is missing in each.

For example:

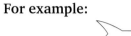

¿Qué no hay?

En **a** no hay...

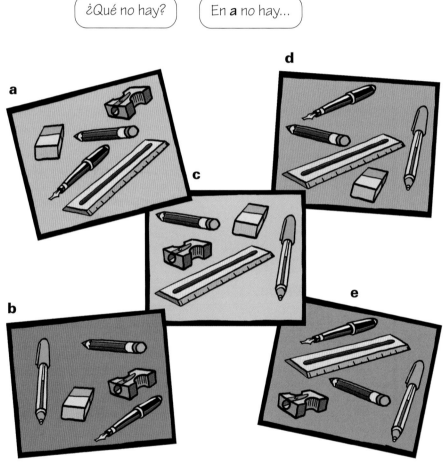

Gramática

En la mesa hay un sacapuntas, una regla y unos cuadernos, pero no hay libros. Note there is no article before the noun, after the negative.

Track: 88

Listen and read the dialogue between Marta, Javier and
Señora Ruíz. Marta and Javier are standing in the centre of the
neighbourhood, trying to get their bearings.

Marta: Por favor, señora, ¿dónde está el banco?
Señora Ruíz: Mira…El banco está ahí, muy cerca.
Javier: ¿Y el supermercado?
Señora Ruíz: Está cerca del banco, al lado del parque.
Javier: Muy bien, gracias. Y, señora, ¿dónde está el colegio?
Señora Ruíz: Hmm…el colegio…a ver…sí, el colegio está lejos del parque,
              cerca del estadio.
Marta: ¿Y el aeropuerto? ¿Dónde está el aeropuerto, señora?
Señora Ruíz: Huy…está muy lejos del pueblo…a unos 5 kilómetros.

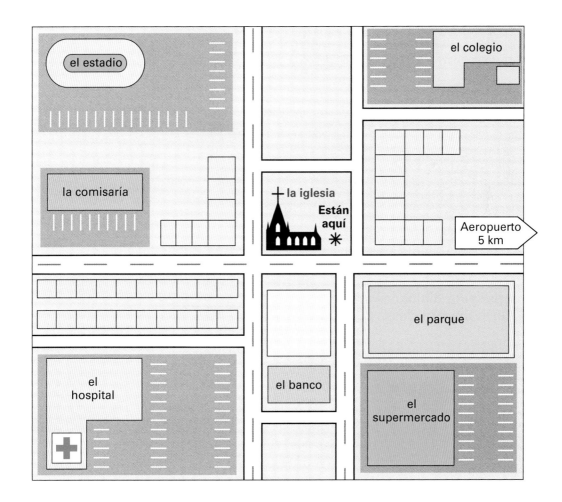

With your classmate, create a series of role-plays in which you ask where places are in your town or neighbourhood.

Practise your dialogues and perform them in class.

VOCABULARIO

la iglesia	*church*
el supermercado	*supermarket*
el banco	*bank*
cerca (de)	*near*
el parque	*park*
lejos (de)	*far from*
el estadio	*stadium*
el aeropuerto	*airport*
a unos	*at about*
la comisaría	*police station*
la escuela	*school*
el cine	*cinema*
el hospital	*hospital*

¡Qué calor!

In this unit you will:
- ask about the weather
- identify the weather
- express some physical feelings such as being cold or hungry

¿Qué tiempo hace?

Listen and repeat each weather expression.

Track: 89

1 Hace calor.  35°C

2 Hace frío. 5°C

3 Hace fresco. 10°C

4 Hace sol.

5 Hace viento.

6 Hace buen tiempo.

7 Hace mal tiempo.

8 Está lloviendo.

9 Está nevando.

10 Hay tormenta.

11 Hay niebla.

12 Está nublado.

¿Dónde estamos?

Pair up each letter a–d with the correct phrase.

1 En la montaña   **3** En el interior

2 En la costa   **4** En la ciudad

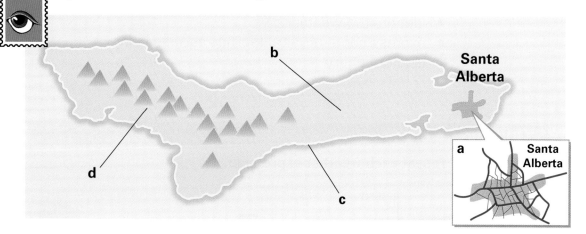

Listen to the weather report for Chile, and look at the map to see which areas are mentioned. Write them in the order in which you hear them in the report.

Track: 90

Actividad **1**

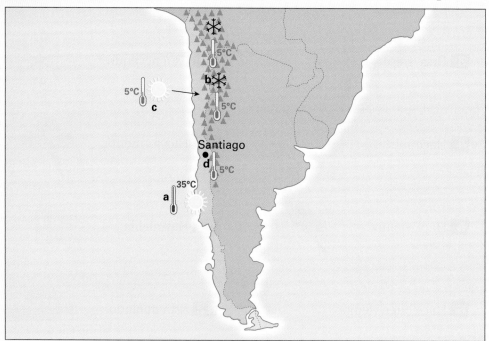

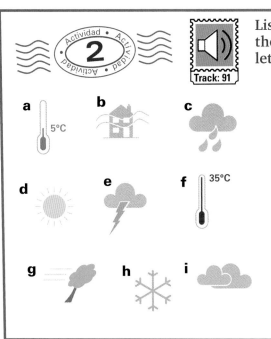

Listen to the weather reports for the places on the map. Write which letters relate to each place.

Take turns with your classmate to ask and answer about the weather in the places on the map.

¿Qué tiempo hace?

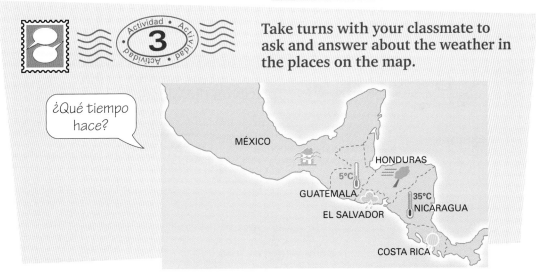

The following is a summary of the weather report for Acapulco. Write a brief description of the weather.

For example: Por la mañana hace…

Por la mañana	Por la tarde	Por la noche
 35°C		5°C

Los puntos cardinales

Track: 92

Listen to the compass points and repeat each one.

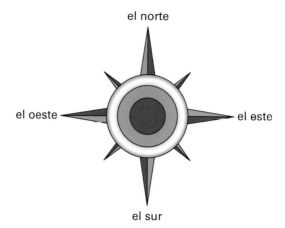

el norte

el oeste — el este

el sur

Actividad 5 Actividad

Track: 93

Now listen and write the order in which you hear the compass points mentioned.

Actividad 6 Actividad

Take turns with your classmate to ask about the weather in different places on the island.

For example:

¿Qué tiempo hace en la ciudad en el este?

Hace buen tiempo.

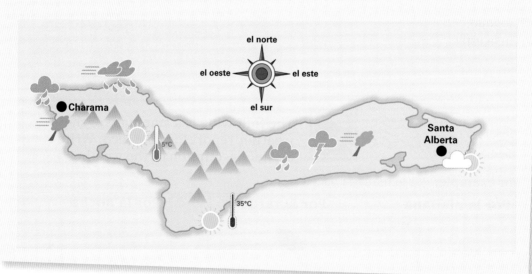

el norte

el oeste — el este

el sur

Charama

5°C

35°C

Santa Alberta

Listen to the phrases we use for the seasons and repeat each one.

la estación seca

la estación lluviosa

la primavera

el verano

el otoño

el invierno

Actividad 7

Choose one element from each column as necessary to complete the sentences below.

En primavera	en Europa	hace frío
En septiembre	en Jamaica	hace fresco
En diciembre	en Canadá	nieva
En invierno	en Chile	hay tormenta
En otoño	en Trinidad	hace calor
En abril	en los Andes	hace sol
En verano	en Florida	hace viento
En julio		hace buen tiempo
En la estación lluviosa		hace mal tiempo
En la estación seca		llueve

1 En primavera… hace buen tiempo.

2 En septiembre en Jamaica…

3 En… en Europa está nevando.

4 En la estación de lluvias en Trinidad…

5 En invierno en Florida…

6 En otoño… hace viento.

7 En abril en Europa…

8 En enero en el Canadá…

9 En octubre… hace buen tiempo.

10 En… en los Andes hace mal tiempo.

Can you write five more sentences giving appropriate information about the weather in different places at different times of year?

Nota Cultural

You may have heard of *El Niño* and *La Niña*. They are the names given to weather systems that form in the Pacific Ocean near the equator, resulting from variations in the temperature of the ocean. They can influence the weather around the globe. *El Niño* is the warmer phase, and *La Niña* the opposite, the colder phase. The phenomenon was named by South American fishermen, who noticed the warmer waters around December one year, hence calling this *El Niño* which means 'the little boy' or 'Christ child'.

Read this passage about the climate in the United States. Then choose the correct answers to the questions on page 147.

El clima en los Estados Unidos

En los Estados Unidos el clima es muy variado de una región a otra. Por ejemplo, en las Montañas Rocosas nieva mucho. En Florida normalmente hace sol y hace calor.

El clima en el interior es muy extremo. En invierno hace mucho frío y en verano hace mucho calor.

En la costa oeste, por ejemplo en California, hace buen tiempo en verano, pero a veces llueve mucho. En la costa este también hace buen tiempo en verano.

En la región sureste, en el Golfo de México, entre los meses de julio y noviembre, a veces hay tormentas. Hace mucho viento y llueve mucho. Algunas veces hay huracanes.

el clima	*climate*	llueve	*it rains*
nieva	*it snows*	también	*also*
extremo/a	*extreme*	hay huracanes	*there are hurricanes*

1 ¿Qué tiempo hace en las Montañas Rocosas?
- **a** Hay huracanes
- **b** Llueve mucho
- **c** Nieva mucho

2 ¿Qué tiempo hace en California en verano?
- **a** Hace buen tiempo
- **b** Hace mal tiempo
- **c** Hace mucho viento

3 ¿Qué tiempo hace en Florida normalmente?
- **a** Hace viento
- **b** Llueve
- **c** Hace sol y hace calor

4 ¿Qué tiempo hace en el interior en invierno?
- **a** Hace calor
- **b** Hace frío
- **c** Hace viento

5 ¿Qué tiempo hace en el sureste en los meses de julio a noviembre?
- **a** Hace sol y hace calor
- **b** Hace viento y llueve
- **c** Hace frío y nieva

Actividad 9

Your pen pal is asking about the weather in your part of the world. Write a description of the weather at different times of day, and in different seasons and months. Write at least five sentences.

hace calor	*it's hot*	está nublado	*it's cloudy*
hace frío	*it's cold*	la montaña	*mountain*
hace fresco	*it's chilly*	la costa	*coast*
hace sol	*it's sunny*	el interior	*the interior*
hace viento	*it's windy*	la ciudad	*city*
hace buen tiempo	*the weather is fine*	la primavera	*spring*
hace mal tiempo	*the weather is bad*	el verano	*summer*
está lloviendo/llueve	*it's raining/it rains*	el otoño	*autumn*
está nevando/nieva	*it's snowing/it snows*	el invierno	*winter*
hay tormenta	*it's stormy*	la estación seca	*dry season*
hay niebla	*it's foggy*	la estación lluviosa	*rainy season*

¿Qué te pasa?

Track: 95

Listen to the dialogues and read the replies in the bubbles.

a

Está nevando. Tengo frío.

Hace sol. Tengo calor.

b

c

Son las dos y tengo hambre.

Hace calor y tengo sed.

d

Gramática

Have you noticed how to say 'it is hot' and 'I am hot'? *Hace calor* and *Tengo calor*. We use the verb *tener* when we want to say we feel hot, cold, hungry or thirsty in Spanish. Other expressions include *tener miedo* (to be afraid), *tener sueño* (to be sleepy).

10

Listen and pair up each of the situations you hear with the appropriate picture.

Track: 96

a Tengo hambre.

b Tengo sed.

c Tengo calor.

11

Take turns with your classmate. What would you say in the following situations?

1 The air conditioning in the library is set too high.

2 You have to explain to the teacher how you feel, as you got up late and had no time for breakfast.

3 You are playing basketball in the midday sun and dreaming of a drink.

4 The classroom is really stuffy and you need some cool, fresh air. You want to open a window.

d Tengo frío.

VOCABULARIO	
tengo frío	I am cold
tengo calor	I am hot
tengo hambre	I am hungry
tengo sed	I am thirsty

Track: 97

Listen to the teacher speaking. What is wrong with his pupils?

Gramática

Have you noticed that something has changed in the sentences above? The verb looks different when we talk about someone else.

Have a look at the verb *tener* (to have):

Yo tengo	=	I have
Tú tienes	=	You (friendly) have
Él/Ella/Usted tiene	=	He/She has/You (politely) have

Listen to the dialogues. Are the following statements true or false?

1 Mateo tiene calor.

2 Carlos tiene calor.

3 Mateo tiene hambre.

4 Carlos tiene hambre.

Track: 98

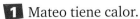 

Read the following and answer the questions.

En Alaska en invierno hace mucho frío. No hace mucho sol porque los días son muy cortos*, de pocas* horas. Los habitantes tienen mucho frío. La ropa* típica de esta región es de piel* de osos polares*. Estos animales siempre tienen calor.

1 What is the winter weather like in Alaska?

2 What effect do the short days have?

3 How do the inhabitants feel?

4 What do they wear?

5 Why?

corto/a = *short*
pocos/as = *few*
la ropa = *clothes*
la piel = *skin*
el oso polar = *polar bear*

Preferencias y gustos

In this unit you will:

- express simple likes and dislikes
- state simple preferences
- ask about simple preferences
- express simple wants and needs

¿Te gusta?

Listen and read the dialogue.

Track: 99

¿Te gusta el deporte?
¿Te gusta el fútbol?

Me gusta el fútbol, pero prefiero el baloncesto.

¿Y el tenis?
¿Te gusta el tenis?

No, no me gusta el tenis.
Prefiero el voleibol.

¿Y el criquet?
¿Te gusta el criquet?

Sí, me gusta el criquet, pero prefiero la natación.

Have you noticed how to say you like something? *Me gusta…* followed by the name of the thing you like. To say you don't like something, add *no*. For example: **No** *me gusta el tenis*.

And did you see how to say you prefer something? *Prefiero…* and then the name of the thing you prefer.

And how do you ask if someone likes something or not? *¿Te gusta el fútbol?* *¿Te gusta la natación?*

Actividad 1

Find out from your classmates which activities they like. Use the names of the activities from this list.

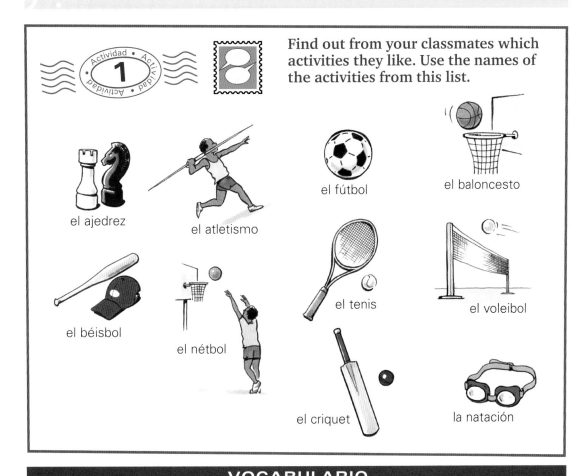

el ajedrez

el atletismo

el fútbol

el baloncesto

el béisbol

el nétbol

el tenis

el voleibol

el criquet

la natación

VOCABULARIO

el fútbol	*soccer*	la natación	*swimming*
el baloncesto	*basketball*	el ajedrez	*chess*
el tenis	*tennis*	el atletismo	*athletics*
el voleibol	*volleyball*	el béisbol	*baseball*
el criquet	*cricket*	el nétbol	*netball*

Use a dice to make up sentences about different sports. You say whether you like/dislike something, slightly or a lot, according to what number you throw.

1 = me gusta	1 = el baloncesto
2 = no me gusta	2 = el fútbol
3 = me gusta mucho	3 = el tenis
4 = no me gusta nada	4 = el criquet
5 = me gusta bastante	5 = la natación
6 = no me gusta mucho	6 = el béisbol

You could make a dice or a spinner from card, and keep it for future use.

Me gusta jugar...

Track: 100

Listen and read the dialogue.

Carlos: ¿Te gusta el fútbol, Juan?

Juan: Sí, pero no me gusta jugar al fútbol. Me gusta ver el fútbol.

Carlos: Hay un partido del Real Madrid el domingo en la televisión.

Juan: Me gusta mucho el equipo del Real Madrid. ¿Te gusta?

Carlos: Sí, también me gusta muchísimo.

Nota Cultural

Spanish football is rated very highly, not only for the success of its national team, but also because the different clubs feature regularly in the later stages of international competitions. The rivalry between the clubs Real Madrid and FC Barcelona is legendary, and any match between the two teams is automatically called *el clásico*.

Gramática

Have you seen what else you can say using *me gusta*? You can talk about what you like to do. For example: *Me gusta jugar al fútbol.*

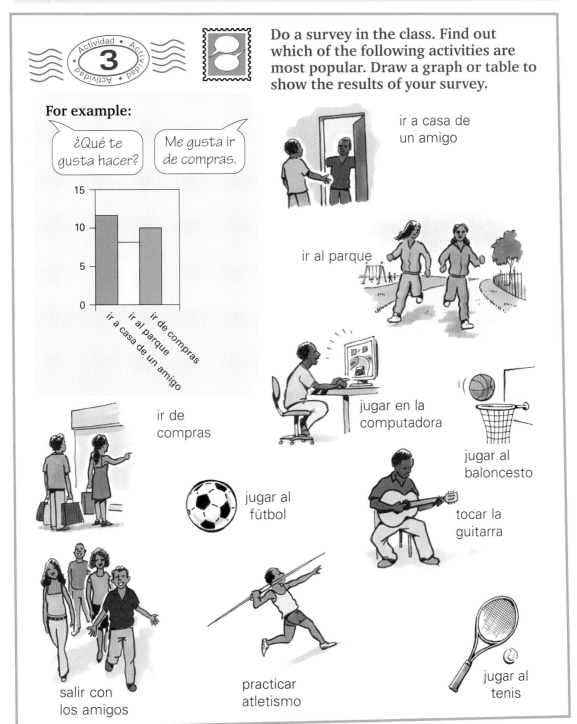

Actividad • 3 •

Do a survey in the class. Find out which of the following activities are most popular. Draw a graph or table to show the results of your survey.

For example:

¿Qué te gusta hacer?

Me gusta ir de compras.

ir a casa de un amigo

ir al parque

ir de compras

jugar en la computadora

jugar al baloncesto

jugar al fútbol

tocar la guitarra

salir con los amigos

practicar atletismo

jugar al tenis

Listen and read this conversation about the type of films the students like.

Rita: ¿Te gusta ir al cine, Ramón?
Ramón: Sí, me gusta mucho.
Rita: ¿Qué tipo de películas te gusta?
Ramón: Pues…Me gustan mucho las películas de ciencia-ficción y de aventura.

Rita: ¿Te gustan las películas románticas?

Ramón: No, no me gustan nada.

Rita: A mí sí, a mí me gustan muchísimo las películas románticas.

Ramón: Pero a mí me gustan las películas cómicas. ¿Qué otro tipo de películas te gusta a ti?

Rita: Me gustan también las películas de terror.

Gramática

Las películas cómicas
Las películas románticas

What do you notice about the position of the adjectives? Normally, in Spanish, they are placed after the noun.

Look at how the verb **gustar** is used here:

*Me gusta **el cine*** = I like the cinema (singular)
*Me gustan **las películas románticas*** = I like romantic movies (plural)
Notice that an **–n** is added to the verb when we want to express that we like something plural.
Also notice that when we want to express that we like something in Spanish, we use the article *el/la/los/las* after the verb *gustar*.

Gustar is also used to express what you like to do:
Gustar + verb in the infinitive form
Me gusta jugar al fútbol = I like to play football
Me gusta comer = I like to eat
Me gusta salir = I like to go out
Verbs in the infinitive from in Spanish end in *-ar, -er* or *-ir*.

4

Write five sentences stating your film preferences.

Me gustan las películas	de ciencia-ficción, como… *Star Wars*
Prefiero las películas	de aventura, como…
No me gustan las películas	románticas
	cómicas
	de terror
	policíacas
	de dibujos animados
	de guerra

VOCABULARIO

ir a casa de un amigo	*to go to a friend's house*	tocar la guitarra	*to play the guitar*
ir al parque	*to go to the park*	una película de ciencia-ficción	*science-fiction film*
ir de compras	*to go shopping*	una película de aventura	*adventure film*
jugar al baloncesto	*to play basketball*	una película romántica	*romantic film*
jugar al fútbol	*to play soccer*	una película cómica	*comedy film*
jugar al tenis	*to play tennis*	una película de terror	*horror film*
jugar en la computadora	*to play on the computer*	una película policíaca	*detective film*
(*also* el ordenador)		una película de dibujos animados	*cartoon film*
practicar atletismo	*to do athletics*	una película de guerra	*war film*
salir con los amigos	*to go out with friends*	no me gusta nada	*I don't like at all*

Listen to Marta answering questions about her likes and dislikes. Follow the pictures to help you understand.

✔
✗
la lechuga
los tomates

✔
✗
el pan
el queso

✔
✗
el chocolate
el pastel

✔
✗
el helado
las fresas

Listen and repeat the names of the following foods.

a		los mangos	**i**		el pastel
b		el jamón	**j**		el queso
c		el pollo	**k**		los tomates
d		el pescado	**l**		el pan
e		las papas	**m**		la leche
f		los plátanos	**n**		el arroz
g		la piña	**o**		la carne
h		el helado	**p**		las manzanas

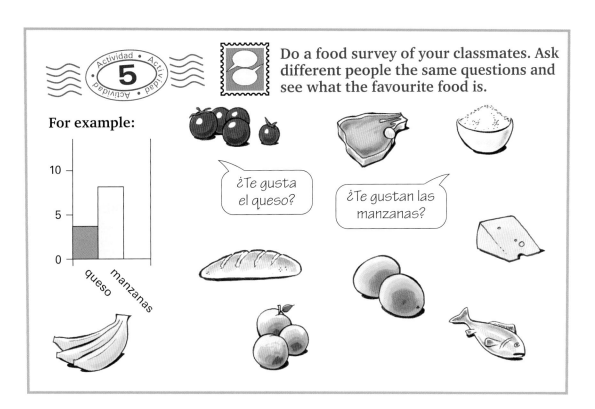

Do a food survey of your classmates. Ask different people the same questions and see what the favourite food is.

For example:

¿Te gusta el queso?

¿Te gustan las manzanas?

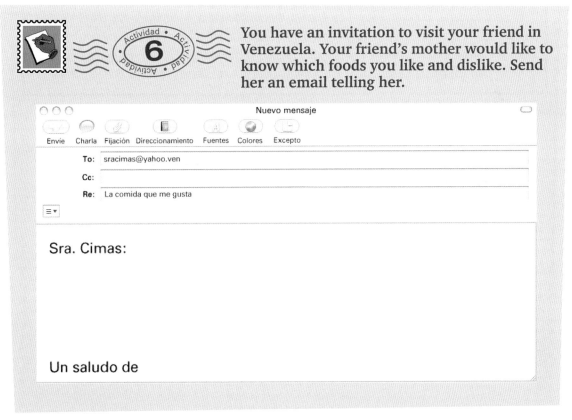

You have an invitation to visit your friend in Venezuela. Your friend's mother would like to know which foods you like and dislike. Send her an email telling her.

Nuevo mensaje

Envie   Charla   Fijación   Direccionamiento   Fuentes   Colores   Excepto

To: sracimas@yahoo.ven

Cc:

Re: La comida que me gusta

Sra. Cimas:

Un saludo de

Actividad 7

Read the description of the different types of restaurants in the town. Then answer the questions which follow.

Taj Mahal — Comida india

HAMBURGUESERÍA — Comida rápida

CASA BEIJING — Comida china

Mamma Mia — Comida italiana

Casa Taco — Comida mexicana

Casa Col — Comida vegetariana

CASA CARIBE — Comida caribeña

CASA MADRID — Comida española

En mi ciudad hay muchos restaurantes. Está la Casa Taco, que es un restaurante de comida mexicana. También está el Taj Mahal, de comida india. Tenemos la Casa Col, de la comida vegetariana. Hay Casa Madrid para la comida española, y está Mamma Mia para la comida italiana. Para la comida rápida está la Hamburguesería. Y si te gusta la comida caribeña, está Casa Caribe. Finalmente está la Casa Beijing para la comida china.

1 What type of restaurant is Casa Taco?

2 What is the name of the Indian restaurant?

3 Where could you eat vegetarian food?

4 For pizzas and pasta where would you go?

5 What food might you eat at Casa Madrid?

6 If you wanted Chinese food where would you go?

Actividad 8

Track: 104

Listen to these people saying which type of food they like. Note down their preferences in English.

| Enrique | Nuria | Isabel | Ramón | Ana | Geraldo |

Take turns with your classmate to ask and answer about which food you prefer and why. Use the pictures below.

¿Prefieres el helado de chocolate o de vainilla?

VOCABULARIO

la lechuga	*lettuce*	el pollo	*chicken*
el tomate	*tomato*	el pescado	*fish*
el sándwich	*sandwich*	la papa	*potato*
el queso	*cheese*	el plátano	*banana*
el pan	*bread*	la piña	*pineapple*
el pastel	*cake*	la leche	*milk*
el helado	*ice cream*	el arroz	*rice*
la fresa	*strawberry*	la carne	*meat*
el mango	*mango*	la manzana	*apple*
el jamón	*ham*		

 Read the email Gregorio has sent to his pen pal. Then answer the questions.

 Enviar   Dirección   Ortografía   Adjuntar   Seguridad   Guardar

Hola Andrés
¿Qué tal? Yo estoy muy bien. Hoy es mi día favorito. Prefiero el martes porque hay fútbol por la tarde.
Mi comida favorita es la comida caribeña. Mi plato favorito es el arroz con pollo. Me gusta también el helado de chocolate.
¿Qué comida prefieres tú?
¿Tienes uniforme en tu colegio? No me gusta nada el uniforme escolar.
Bueno, nada más por el momento.
Un abrazo de tu amigo
Gregorio

1 What is Gregorio's favourite day?

2 Why does he prefer that day?

3 What is his favourite type of food?

4 Which dish in particular is his favourite?

5 What dessert does he like?

6 What is his opinion of school uniform?

 Read the TV schedule. What reaction would you give to each programme? Choose from the following.

17:30	Documental sobre la historia de Cuba
18:00	Noticias
18:30	Tele para niños – la Plaza Sésamo
19:00	Documental sobre el Antártico
20:00	Fútbol
21:30	Noticias y el pronóstico del tiempo
22:00	Friends – comedia
22:30	Película de Hollywood
00:30	Fin de programas

a Me gusta mucho. Es muy interesante.
b ¡Qué aburrido!
c Es muy cómico. Me gusta mucho.
d Me gustan los partidos España–México.
e Es muy histórico, pero muy difícil.
f ¡Qué dramático!
g No me gusta.

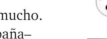

VOCABULARIO

interesante	*interesting*
aburrido/a	*boring*
cómico/a	*funny*
histórico/a	*historical*
difícil	*difficult*
dramático/a	*dramatic*

Track: 105

Listen and read the following conversation between Cristián and his mother.

Cristián:	Mamá, tengo hambre y tengo sed.
Mamá:	¿Qué quieres, cariño? Hay frutas: piña, plátano, papaya... Tengo jugo: jugo de naranja, o de piña. Hay refrescos: coca-cola, limonada. También hay leche y agua.
Cristián:	No Mamá, no gracias. ¿Tienes un bocadillo de queso?
Mamá:	No, no tengo queso, pero tengo jamón.
Cristián:	¿No tienes pollo frito?
Mamá:	Ay hijo. ¡Pero sólo son las once!
Cristián:	Sí... pero...
Mamá:	Bueno... bueno... entonces come pollo frito.

Gramática

Can you see the phrase that asks 'what do you want?'?
We use *¿qué quieres?*

A group of friends is coming to a party at your house. When they arrive, you ask them what they would like to drink. Listen and write down what each of them would like.

> Hay jugos...de naranja o de manzana.
> Hay refrescos...coca-cola, naranjada, limonada.
> Y hay agua o leche.

Natalia   Claudio   Manolo   Rosa

Take turns with your classmate to ask for different drinks. Throw a dice to select the drink you ask for.

1 = un jugo de manzana
2 = un refresco y un agua mineral
3 = un café con leche y un batido de fresa
4 = un batido de plátano y una limonada
5 = un chocolate caliente
6 = un agua mineral y un jugo de piña

VOCABULARIO

el jugo	*juice*
la naranja	*orange*
el refresco	*soft drink*
la naranjada	*orangeade*
la limonada	*lemonade*
el agua	*water*
el vaso	*glass*
el café con leche	*coffee with milk*
el batido	*milkshake*
el chocolate caliente	*hot chocolate*
el pollo frito	*fried chicken*
sólo	*only*

¿Qué quieres hacer?

Track: 107

Listen to the group of friends deciding what to do.

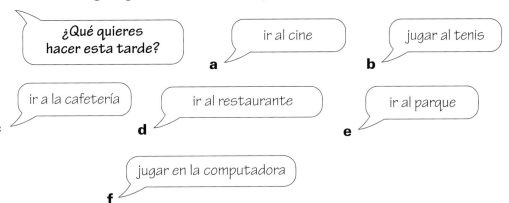

¿Qué quieres hacer esta tarde?

a ir al cine

b jugar al tenis

c ir a la cafetería

d ir al restaurante

e ir al parque

f jugar en la computadora

Gramática

Look at how the verb **querer** (to want) is used here:

Querer + noun (what you want)

¿Qué quieres? What do you want? *(Yo) quiero pollo frito.* I want fried chicken.

Querer + verb in its infinitive form (what you want to do)?

¿Qué quieres hacer? What do you want to do? *(Yo) quiero salir con mis amigos.* I want to to go out with my friends.

Track: 108

Actividad 14

Listen to some more activities you may wish to do. Some are illustrated here. Listen and repeat each as you hear it.

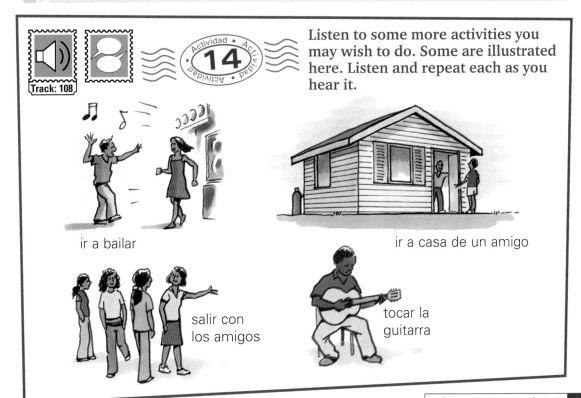

ir a bailar

ir a casa de un amigo

salir con los amigos

tocar la guitarra

Francisco and Javier have met in a café. Choose an appropriate word or phrase from the box to fill in each gap and complete their conversation.

Javier:	..., Francisco. ¿Qué tal?
Francisco:	Hola, Javier. ¿Qué...beber?
Javier:	Un..., por favor.
Francisco:	¿Tienes...?
Javier:	Sí, un poco.
Francisco:	¿Qué quieres...?
Javier:	Bueno, un bocadillo de jamón, por favor.
Francisco:	Y yo...una...y un bocadillo de...
Javier:	¿Qué quieres hacer después? ¿Quieres...al cine?
Francisco:	No. Quiero...Hace buen tiempo.

> quieres   queso   ir
> Hola   ir al parque
> limonada   hambre
> jugo de naranja
> quiero   comer

Track: 109

Listen to these groups of friends arranging to meet up and do something. Copy and fill in the grid with the appropriate information.

Who is meeting whom?	To do what?

Gramática

In the last conversation in Actividad 16, did you hear Rosa ask if Magdalena wants to go shopping **on** Saturday? What did she say? *El sábado.* How would you say 'on Monday', 'on Tuesday', etc.? *El lunes, el martes,* etc.

Two friends are arranging to go out by text message. Complete the words in the text messages.

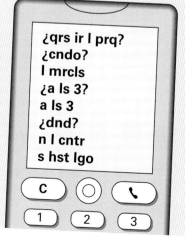

> ¿qrs ir l prq?
> ¿cndo?
> l mrcls
> ¿a ls 3?
> a ls 3
> ¿dnd?
> n l cntr
> s hst lgo

Tengo…Tiene…

Tengo sed. Quiero tomar algo.

Listen and follow the pictures. What differences can you spot between what you hear and what is written?

Me gusta el jugo de naranja, pero prefiero un jugo de manzana.

Tengo calor. Necesito un refresco.

Track: 110

Gramática

Notice how you use the verbs we have met in this Unit from first to third person:

Tener	To have
Yo tengo	I have
Tú tienes	you have
Él/ella/usted tiene	He/she has / you (polite) have

Querer	To want
Yo quiero	I want
tú quieres	you want
Él/ella/usted quiere	He/she wants / you (politely) want

Preferir	To prefer
Yo prefiero	I prefer
Tú prefieres	you prefer
Él/ella/usted prefiere	He/she prefers / you (polite) prefer

Necesitar	To need
Yo necesito	I need
tú necesitas	you need
Él/ella/usted necesita	He/she needs/ you (polite) need

Gustar	To like
(A mí) me gusta(n)	I like
(A tí) te gusta(n)	you like
(A él/ella/usted) le gusta(n)	He/she likes /you (polite) like

Actividad 18

Work in threes. Pretend you have lost your voice. Write a note to one of your classmates, telling him or her about one of the following:
- **something you like**
- **something you prefer**
- **something you want or need**
- **a state you are in, how you are feeling.**

For example, you might write *tengo calor*. Your classmate then has to pass this information on to the third person in your group.

Tiene calor.

 **Pair up each situation with the appropriate solution.**

1 Patricia tiene frío.

2 Felipe tiene hambre.

3 Javier tiene sed.

4 Luis tiene calor.

a Necesita un sándwich.

b Necesita un chocolate caliente.

c Necesita un ventilador.

d Necesita un agua mineral.

   **Silvia is writing to her pen pal. Read the email and then answer the questions which follow.**

 Enviar   Dirección ABC Ortografía   Adjuntar   Seguridad   Guardar

Teresa:
¿Qué tal? Aquí todo está bien.
Hoy es mi día favorito. Me gusta el jueves porque hay clase de atletismo. Me gusta mucho el atletismo. También el jueves hay clase de matemáticas. Me gustan las matemáticas, pero a mi hermano, Raúl, no le gustan. Prefiere las ciencias.
Tengo un uniforme nuevo. Es azul. Me gusta bastante.
Me gusta el azul pero prefiero el negro. ¿Cuál es tu color preferido?
Bueno, ya son las doce y media. Tengo hambre. Necesito comer. Quiero un bocadillo de pollo. Quiero ir al cine a las dos. Necesito llamar a mi amiga.
Bueno, nada más por hoy.
Un abrazo
Silvia

1 Which day does Silvia like?

2 Which lesson does she like?

3 Which other lesson does she like?

4 What does her brother prefer, science or maths?

5 What does she have that is new?

6 Which colour does she prefer, blue or black?

7 What does she need to do?

8 What does she want to eat?

9 Where does she want to go at two o'clock?

10 Who does she need to call?

¿Qué deporte te gusta?

Me gusta el baloncesto.

Work in threes. One person asks the second person what they like and why. The third person then writes down the answer, making it clear <u>who</u> likes what. Make sure that everyone in your group has a chance to ask.

A Marta le gusta el baloncesto.

VOCABULARIO

las matemáticas	*maths*
las ciencias	*science*
nuevo/a	*new*
nada más por hoy	*that's it for today*

Gramática

In Silvia's email, did you notice that when we want to specify who it is who (dis)likes or needs something, we need to add their name. For example: *A mi hermano, Raúl, no le gustan. A Raúl le gusta la historia.*

Gramática

Have you noticed that when we are talking about more than one person who likes or needs something, the first pronoun is the one that changes?
For example:

me gusta(n)	=	I like
te gusta(n)	=	you like
le gusta(n)	=	he/she likes (also the polite form of 'you like')
nos gusta(n)	=	we like
les gusta(n)	=	they like (also 'you like' if 'you' is referring to more than one person)

Prueba 3 Unidades 9–12

Tracks: 111–114

A

1 Your mother has lost the book in which she keeps a record of important birthdays. Listen to her asking, and write the date of each person's birthday.

1 Elena   **2** Dolores   **3** Magdalena   **4** Eduardo   **5** Manuel   **6** Jorge

2 Listen to the four people saying what they like. Write down three items each person says they like.

3 Listen to the answerphone messages inviting you to do various things with friends at the weekend. Fill in your diary pages accordingly. Copy the table below and fill in alongside the correct time of day who you are to meet, what you are going to do, the time and place for meeting (if mentioned).
One example has been done for you.

Take note: there will be one time when you have two invitations.

Sábado	Domingo
Mañana **Lupe, compras, 10.30, el colegio**	Mañana
Tarde	Tarde
Noche	Noche

4 Listen to the pupils who are each missing one item of school equipment. What is it?

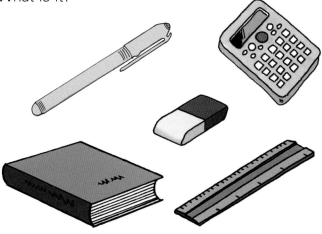

1 Work with your classmate. Classmate A uses the grid to ask classmate B what the weather is like at different times and in different places. Classmate B gives the answers according to the grid on page 174, and then asks questions about the weather at other times and in other places. Classmate A answers according to the grid below.

Classmate A: questions to ask classmate B

What is the weather like... ?	
In the mountains?	On the coast?
In winter?	In the north?
This morning?	

Classmate A: answers to questions from classmate B

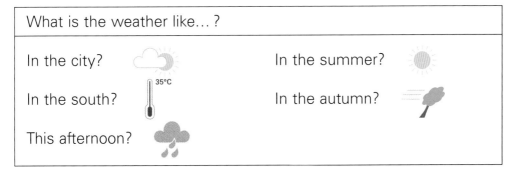

What is the weather like... ?	
In the city?	In the summer?
In the south?	In the autumn?
This afternoon?	

2 Say the following times.

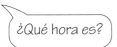

¿Qué hora es?

1 08:30   **2** 09:45   **3** 01:15   **4** 11:25   **5** 05:55   **6** 02:20

C

1 Read these signs and answer the questions which follow.
Answer in English.

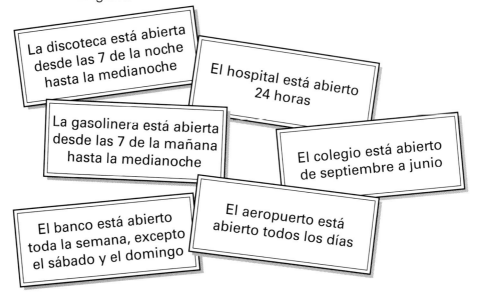

La discoteca está abierta
desde las 7 de la noche
hasta la medianoche

El hospital está abierto
24 horas

La gasolinera está abierta
desde las 7 de la mañana
hasta la medianoche

El colegio está abierto
de septiembre a junio

El banco está abierto
toda la semana, excepto
el sábado y el domingo

El aeropuerto está
abierto todos los días

1 When is the discotheque open?
2 When is the hospital open?
3 When is the petrol station open?
4 When is the school open?
5 When is the airport open?
6 When is the bank open?

2 Pair up each of these statements with the correct picture.

1 La pluma está entre los libros.
2 La pluma está debajo de los libros.
3 La pluma está detrás de los libros.
4 La pluma está sobre los libros.
5 La pluma está al lado de los libros.
6 La pluma está delante de los libros.

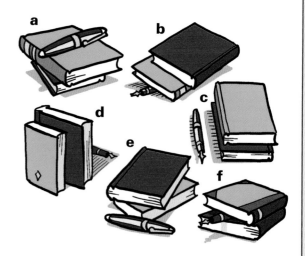

3 Pair up each of the following feelings with the most likely action.

For example: 1b Tengo sed. Quiero beber algo.

1	Tengo sed.	**a**	Quiero tomar un chocolate caliente.
2	Tengo hambre.	**b**	Quiero beber algo.
3	Tengo frío.	**c**	Quiero tomar una bebida fría.
4	Tengo calor.	**d**	Quiero comer algo.

D **1** Copy and complete this *Ficha de identidad* for yourself.

Día y fecha de hoy: ....
Nombre: ....
Apellido: ....
Fecha de nacimiento: ....
Edad: ....
Lugar de nacimiento: ....
Nacionalidad: ....
Dirección: ....
Número de teléfono: ....

Color de pelo: ....
Color de ojos: ....
Estatura: ....
Rasgos distintivos: ....
Características de la personalidad: ....
....

2 You drop by to see a friend but they are not at home. Write them a note, asking if they want to do something on a particular day. Remember to suggest a time to meet.

3 Read what Lucas says he likes, dislikes, prefers and feels. Write a sentence to report each of his statements.

For example: 1 Me gusta el chocolate.
A Lucas le gusta el chocolate.

1	Me gusta el chocolate.	**5**	Tengo calor.
2	Necesito una regla.	**6**	Me gustan las fresas.
3	Quiero tomar algo.	**7**	Tengo frío.
4	Prefiero la naranjada.		

Pairwork activities

Unit 5, Activity 7 on page 64

Classmate B asks about:	Fernando Patricia Sara Bernardo
And answers about:	Susana – Cuba Paulina – El Perú Nicolás – Argentina Felipe – España

Unit 10, Activity 12 on page 132

Classmate B: answers to questions from classmate A

¿Cómo se llama tu colegio?	El Colegio Mayor.
¿Es masculino, femenino o mixto?	Es femenino.
¿Cómo es?	Es moderno y bonito.
¿Cuántos profesores hay?	Hay 86 profesores.
¿Hay uniforme?	Sí, hay uniforme.
¿Cómo es? ¿De qué color es?	Es negro y amarillo.

Classmate B: questions to ask classmate A

¿Cómo se llama tu colegio?	¿Cuántos profesores hay?
¿Es masculino, femenino o mixto?	¿Hay uniforme?
¿Cómo es?	¿Cómo es? ¿De qué color es?

Prueba 3, Activity 1 on page 171

Classmate B: answers to questions from classmate A

What is the weather like…?

In the mountains?	On the coast?
In winter? 10°C	In the north?
This morning?	

Classmate B: questions to ask classmate A

What is the weather like…?

In the city?	In the summer?
In the south?	In the autumn?
This afternoon?	

La Gramática

GLOSSARY OF GRAMMATICAL TERMS

NOUNS	are names of people or things, such as 'pencil sharpener': *sacapuntas*, 'ruler': *regla*, 'desk': *pupitre*, 'female teacher': *profesora*.
ADJECTIVES	are words which describe the noun, such as 'small': *pequeño*, 'clever': *inteligente*.
PREPOSITIONS	are small words usually placed before a noun to express its position or importance relative to something else e.g. *detrás de* and *sobre*.
VERBS	are words which describe an action, 'doing' words, such as 'have': *tener*, 'live': *vivir*.
PRONOUNS	are words which stand in place of nouns, such as he (*él*) or she (*ella*), instead of Pedro or María, when they are the subject of the verb.

Nouns

In Spanish, nouns, or the names of things, are divided into two groups: masculine nouns and feminine nouns.

Each noun is preceded by a little word: *el/la* or *los/las*. This word stands for 'the' and changes according to whether the word is masculine or feminine, singular or plural.

Most words ending in -*o* are masculine, and use the word *el* for 'the'.
For example: *el pelo, el libro*.

Most words ending in -*a* are feminine, and use the word *la* for 'the'.
For example: *la puerta, la pizarra*.

Plurals generally end in -*os* or -*as*, depending on whether the word is masculine or feminine.

There are, however, exceptions to these rules, for example: *el mapa, los deberes*.

The word for 'a', 'an' or 'some' also changes according to whether the noun is masculine, feminine, singular or plural. For example: *un profesor, una profesora, unos alumnos, unas alumnas*.

Note that in Spanish all days of the week and months of the year begin with a common letter, not a capital letter. When the day and date are said together, it is written as follows:
martes, tres de mayo.

The way to say 'on Monday' is *el lunes*.

Adjectives

A word which describes a noun is called an adjective. In Spanish, the endings on adjectives change according to whether the person or thing being described is masculine or feminine. For example, for an adjective ending in -o: *Bob Marley es jamaicano. Verónica Campbell es jamaicana.*

If the adjective ends in any other vowel, it remains the same in the feminine form. For example: *Bob Dylan es estadounidense. Venus Williams es estadounidense.*

If it ends in a consonant, an -a is added. For example: *Mi padre es trabajador y mi madre es trabajadora también.*

When talking about more than one person, the adjectives need to be made plural too. This is done by adding -s if it ends in a vowel, or -es if it ends in a consonant. For example:
boliviano – bolivianos
jamaicana – jamaicanas
canadiense – canadienses
española – españolas
But:
guyanés – guyaneses
español – españoles

Note that with an all masculine group of people or things, the ending on the adjective that describes them is masculine plural. With an all feminine group, the ending is feminine plural. However, when the group is mixed, including both masculine and feminine, the adjective ending is masculine plural. For example:
Miguel y Antonio son jamaicanos.
María y Ana son jamaicanas. But: *Miguel y Ana son jamaicanos.*

Possessive adjectives

These little words describe who owns something. They behave in the same way as other adjectives and need to agree with the noun to which they refer (note that they agree with the item possessed and not the possessor).

mi *hermano,* **mis** *padres*	my
tu *mochila,* **tus** *libros*	your (singular, familiar)
su *profesor,* **sus** *amigos*	his/her/their/your (polite and plural)

Prepositions of place

Many of the words or phrases that describe the position of something require the word *de* after them, when the position is relative to something else. For example: *La ventana está enfrente.* But: *La ventana está enfrente **de la** mesa.*

When *de* is followed by *la, los* or *las* it remains the same. But when it is followed by *el* it changes: *de + el = del.* For example: *enfrente **de la** ventana* but *enfrente **del** pupitre.*

Also note the difference between **en** *el norte de* and **al** *norte de.*

En el norte de means 'in the north of…', whereas **al** *norte de* means 'to the north of…' For example: *Cuba está **en el** norte del Caribe, **al** norte de Jamaica.*

Verbs

Verbs are the words which describe the action, the 'doing' words.

The **infinitive** or **name** of the verb in Spanish can usually be recognised by its ending: -*ar,* -*er* or -*ir.*

You will have noticed that subject pronouns are not always used in Spanish. These are the words for 'I', 'you', 'he/she/it', 'we', 'they'. In Spanish they are only used for emphasis, to avoid ambiguity or confusion, and in phrases such as *¿Y tú?*

yo	I	Juan vive en España. **Yo** vivo en México.
tú	you	¿Qué tal? Bien, ¿y tú?
usted	you (polite)	¿Cómo se llama usted?
él/ ella	he/she	
nosotros/ nosotras	we	
ellos/ellas	they	
ustedes	you (plural)	¿Cómo se llaman ustedes?

The rest of the time they are understood. For example: *vivo en Trinidad* can only mean 'I live in Trinidad', because the ending of *vivo* tells us so.

You have now learnt most of the parts of the verbs that you need to give basic personal information. Here are the verbs, written in their full grammatical form.

Llamarse (to be called)

me llamo	Me llamo Juan Carlos.
te llamas	¿Cómo te llamas?
se llama	Mi compañero se llama Pepe. ¿Cómo se llama usted?
nos lamamos (we)	Nos llamamos Mili y Pili.
se llaman	Se llaman Lepe y Pepe. ¿Cómo se llaman ustedes?

Tener (… años) (to be… years old, to have… eyes, …colour hair, etc.)

tengo	Tengo trece años.
tienes	¿Cuántos años tienes?
tiene	Pepe tiene los ojos azules. ¿Cuántos años tiene usted?
tenemos (we)	Tenemos once años.
tienen	Mili y Pili tienen el pelo negro. ¿Cuántos años tienen ustedes?

Tener is also used in expressions to say that you feel hot, cold, thirsty and hungry, for example: *tengo calor, ¿tienes sed?*

Vivir (to live)

vivo	Vivo en Jamaica.
vives	¿Dónde vives?
vive	Juan vive en España. ¿Dónde vive usted?
vivimos (we)	Vivimos en Trinidad.
viven	Carla y Carlos viven en Belice. ¿Dónde viven ustedes?

Ser (to be)

soy	Soy Miguel.
eres	¿De qué nacionalidad eres? ¿Eres chileno o argentino?
es	¿De qué nacionalidad es usted? Mi compañera es jamaicana.
somos (we)	Somos cubanos.
son	¿De qué nacionalidad son ustedes? Los delegados son latinoamericanos.

The verb *ser* is also used to tell the time in Spanish. For example: *Son las seis. Son las nueve.*

But note: **Es** *la una*: it is 1 o'clock. *Es* is used because 'one o'clock' (*la una*) is singular.

To say at what time we do something, we need to use *a la(s)…* For example: *Hay clase de matemáticas **a las** ocho y media el lunes.*

We have also met another verb which means 'to be', the verb *estar*.

estoy	Estoy bien, gracias.
estás	¿Cómo estás?
está	
estamos	
están	

The verb *estar* is used to express an emotion or state which is not permanent, or to describe where something is located.

Hay

Hay means 'there is' or 'there are' and never changes its form in the present tense.

Gustar

In Spanish, the constructions *me gusta* or *me gustan* are used to say what pleases us/what we like or what we don't like. For example: *me gusta el español, me gustan las matemáticas, no me gusta jugar al tenis.*

me gusta(n)	I like
te gusta(n)	you like
le gusta(n)	he/she likes (also the polite form of 'you like')
nos gusta(n)	we like
les gusta(n)	they like (also 'you like' if the 'you' is referring to several people)

Sometimes *a mí* is added before *me gusta(n)* to emphasise who likes something or not, for example: *a mí me gusta(n)*.

The same applies to other people:
a tí te gusta(n)
a usted le gusta(n)
a él/ella le gusta(n)
a nosotros/nosotras nos gusta(n)
a ustedes les gusta(n)
a ellos/ellas les gusta(n)

No me gusta nada adds further emphasis to the strength of the negative feeling.

The verb *querer* means 'to want' and can be used with any noun to say you want something. For example: *quiero medio kilo de tomates.*

quiero	I want - Quiero un refresco.
quieres	you want - ¿Qué quieres?
quiere	he/she wants, you want (polite) - ¿Qué quiere usted?

Querer can also be used with another verb, the latter in its **infinitive** form, to express what you want 'to do'. For example: *¿Qué quieres hacer?* 'What do you want to do?'
Quiero ir de compras.
Quiero jugar al fútbol.
Quiero salir con los amigos.

The verb *necesitar* means 'to need'. For example: *Necesito la mochila, necesito los lápices.* It can also be used with the infinitive, like *querer*.

With all the verbs we have met, only a small change is necessary if we want to change from the first person ('I want', 'I need,' 'I like', etc.) to the third person (he/she wants, needs, likes, etc.).

tengo → tiene
quiero → quiere
prefiero → prefiere
necesito → necesita
me gusta(n) → le gusta(n)

When we want to specify who it is who (dis)likes or needs something, we need to add their name. For example: *A Raúl le gusta la historia.*

Negatives

To make a sentence negative in Spanish, we just need to put *no* before the verb. For example: *Julia no tiene el pelo rubio, tiene el pelo castaño. No es Julia.*

Emphasis on stressed syllables

In Spanish the general rule is that any word which ends in a vowel (*a, e, i, o, u*), or *-n*, or *-s*, should be emphasised or stressed on the last but one, or penultimate, syllable. For example: *la profesora habla con los chicos que cantan* (the stressed vowel is indicated in bold.)

In any word that ends in a consonant other than *-n* or *-s*, the final syllable is stressed. For example: *El español es encantador.*

If the stressed syllable falls in any other place it is indicated by the use of a stress mark, or accent. For example: *el bolígrafo, los jóvenes.*

When a syllable is added, for example if a word is made plural or a pronoun is added to the word, the original stressed syllable has to remain, and a stress mark or accent will need to be added. For example:

el joven → los jóvenes,
te sientas → siéntate

Vocabulario

Español – Inglés

A

	a unos	*at about*
	a ver	*let's see*
	abierto/a	*open*
la	**abuela** f	*grandmother*
el	**abuelo** m	*grandfather*
	aburrido/a	*boring*
	adiós	*goodbye*
el	**aeropuerto** m	*airport*
la	**agenda** f	*diary*
el	**agua** f	*water*
el	**ajedrez** m	*chess*
	alegre	*happy, fun-loving*
	alto/a	*tall*
la	**alumna** f	*girl pupil*
el	**alumno** m	*boy pupil*
	antipático/a	*mean, unkind*
el	**apellido** m	*family name, surname*
	¡apúrate!	*hurry up!*
el	**armario** m	*cupboard*
el	**arroz** m	*rice*
el	**atletismo** m	*athletics*
	ayer	*yesterday*
	azul	*blue*

B

	bajo/a	*short (in stature)*
el	**baloncesto** m	*basketball*
el	**banco** m	*bank*
la	**barba** f	*beard*
el	**batido** m	*milkshake*
el	**béisbol** m	*baseball*

	bien	*well*
	bienvenido/a/os/as	*welcome*
el	**bigote** m	*moustache*
el	**bocadillo** m	*sandwich*
el	**bolígrafo** m	*ballpoint pen*
el	**borrador** m	*board rubber*
	buenas noches	*good night*
	buenas tardes	*good afternoon/ evening*
	buenos días	*good morning*

C

el	**café con leche** m	*coffee with milk*
la	**calculadora** f	*calculator*
	callado/a	*quiet*
la	**calle** f	*street, road*
	estoy cansado/a	*I'm tired*
	cariño	*dear*
la	**carne** f	*meat*
la	**carpeta** f	*file, folder*
	castaño/a	*brown*
el	**centro** m	*centre*
	cerca de	*near*
	cerrado/a	*shut*
	chao	*bye*
	chévere	*great*
el	**chocolate caliente** m	*hot chocolate*
las	**ciencias** fpl	*science*
la	**ciudad** f	*city*
el	**clima** m	*climate*
	cómico/a	*funny*
	¿cómo?	*how?*
	¿cómo estás?	*how are you?*
el	**compañero de clase** m	*classmate*
la	**computadora** f	*computer*

	cortado/a	cut, closed
	corto/a	short
la	costa f	coast
el	criquet m	cricket
el	cuaderno m	exercise book
	¿cuál?	which?
	¿cuántos?	how many?
el	cuarto m	quarter
el	cumpleaños m	birthday

D

	¡date prisa!	hurry up
	de nada	not at all, don't mention it
	debajo de	under, beneath
	delante de	in front of
	delgado/a	thin
los	deportes mpl	sports
	detrás de	behind
el	diccionario m	dictionary
	difícil	difficult
la	dirección f	address
	¿dónde?	where?
	dramático/a	dramatic

E

	elegante	elegant
	emocionado/a	excited
	en	in, on
	encantado/a/os/as	pleased to meet you
	enfrente de	opposite
	entonces	then
	entre	between
	es	(it) is
la	esposa f	wife
	está lloviendo	it's raining
	está nevando	it's snowing
	está nublado	it's cloudy
la	estación de lluvias f	rainy season
la	estación seca f	dry season
el	estadio m	stadium
la	estantería f	bookshelf
	estar	to be
	de estatura mediana	medium build
el	este m	east
el	estuche m	pencil case

	este, esta	this (one)
	estos, estas	these (ones)
	estoy (cansado/a)	I am (tired)
	extremo/a	extreme

F

la	familia real f	royal family
	fatal	terrible
la	fecha f	date
	felicitaciones	congratulations/ happy birthday
	feo/a	ugly
	flaco/a	skinny
la	fresa f	strawberry
	fue	was
el	fútbol m	soccer

G

la	goma f	eraser
	gordo/a	fat
	gracias	thank you
	grande	big
	gris	grey
	guapo/a	good-looking

H

	hablador(a)	talkative
	hablan	(they) speak
	hace buen tiempo	the weather is fine
	hace calor	it's hot
	hace fresco	it's chilly
	hace frío	it's cold
	hace mal tiempo	the weather is bad
	hace sol	it's sunny
	hace viento	it's windy
	hasta luego	see you, bye
	hasta mañana	see you tomorrow
	hasta pronto	see you soon
	hay	there is, there are
	hay huracanes	there are hurricanes
	hay niebla	it's foggy
	hay tormenta	it's stormy

el	helado m	ice cream
la	hermana f	sister
la	hermanastra f	stepsister
el	hermanastro m	stepbrother
el	hermano m	brother
la	hija f	daughter
el	hijo m	son
	histórico/a	historical
	hola	hello
	hoy	today

I

la	iglesia f	church
	inteligente	clever
	interesante	interesting
el	interior m	interior
el	invierno m	winter
	ir a casa de un amigo	to go to a friend's house
	ir al parque	to go to the park
	ir de compras	to go shopping

J

el	jamón m	ham
	joven	young
	jugar al baloncesto	to play basketball
	jugar al fútbol	to play soccer
	jugar al tenis	to play tennis
	jugar en la computadora	to play on the computer
el	jugo m	juice

L

al	lado de	next to
el	lápiz m	pencil
	largo/a	long
la	leche f	milk
la	lechuga f	lettuce
	lejos de	far from
la	lengua f	language
	¡levántate!	get up!
el	libro m	textbook
la	limonada f	lemonade

	liso/a	straight
	llamarse	to be called
	llueve	it rains
	lo siento	I am sorry
la	luz f	light

M

la	madrastra f	stepmother
la	madre f	mother
	mal	bad
el	mango m	mango
la	manzana f	apple
	mañana	tomorrow
el	marcador m	felt-tip pen
	más	plus
	más o menos	just about all right, so-so
las	matemáticas fpl	maths
	mayor	elder
	me llamo	I am called, my name is
la	media f	half
	menos	minus
la	mesa f	table
	mi, mis	my
la	mochila f	backpack
la	montaña f	mountain
	mucho gusto	delighted to meet you
	muy	very
	muy bien	very well
	muy mal	very bad

N

la	naranja f	orange
la	naranjada f	orangeade
la	natación f	swimming
	necesitar	to need
	negro/a	black
el	nétbol m	netball
la	nieta f	granddaughter
el	nieto m	grandson
	nieva	it snows
los	niños mpl	children
	no es nada	it's nothing, it's not important

	¡no me digas!	*you don't say!*	
el	nombre m	*name*	
el	norte m	*north*	
	no sé	*I don't know*	
	nos vemos	*see you*	
las	noticias fpl	*news*	
	nuevo/a	*new*	
el	número m	*number*	

O

el	oeste m	*west*
los	ojos mpl	*eyes*
	ondulado/a	*wavy*
el	otoño m	*autumn*

P

el	padrastro m	*stepfather*
el	padre m	*father*
los	padres mpl	*parents*
el	país m	*country*
el	pan m	*bread*
la	papa f	*potato*
la	papelera f	*wastepaper bin*
el	parque m	*park*
	pasan	*they put on, they show*
el	pastel m	*cake*
las	pecas fpl	*freckles*
una	película cómica f	*a funny film*
una	película de aventura f	*an adventure film*
una	película de ciencia-ficción f	*a science-fiction film*
una	película de dibujos animados f	*a cartoon film*
una	película de guerra f	*a war film*
una	película de terror f	*a horror film*
una	película policíaca f	*a detective film*
una	película romántica f	*a romantic film*
	pelirrojo/a	*red-haired*
el	pelo m	*hair*
	pequeño/a	*small*
	perdón	*sorry*
	perezoso/a	*lazy*
el	pescado m	*fish*
la	piña f	*pineapple*
la	piscina f	*swimming pool*

la	pizarra f	*blackboard*
el	plátano m	*banana*
la	pluma f	*pen*
la	población f	*population*
el	policía m	*policeman*
el	pollo (frito) m	*(fried) chicken*
	practicar el atletismo	*to do athletics*
¿estás	preparado/a?	*are you ready?*
la	prima f	*girl cousin*
la	primavera f	*spring*
el	primo m	*boy cousin*
el	príncipe m	*prince*
el	profesor m	*male teacher*
la	profesora f	*female teacher*
la	puerta f	*door*
el	pupitre m	*desk*

Q

	¿qué más?	*what else?*
	¿qué tal?	*how are you? how are things?*
	¡qué tarde es!	*how late it is!*
	¡que lo pases bien!	*have a good time!*
	quedamos	*we meet, let's meet*
el	queso m	*cheese*

R

	rapado/a	*shaven*
	rápido/a	*quick*
	raro/a	*strange*
el	rasgo m	*feature*
el	refresco m	*soft drink*
la	regla f	*ruler*
	regular	*okay*
la	reina f	*queen*
el	rey m	*king*
	rizado/a	*curly*
	rubio/a	*blond*

S

el	sacapuntas m	*pencil sharpener*
la	salida f	*departure*
	salir con los amigos	*to go out with*

		friends
	sé	*I know*
	se escribe	*(it) is written*
	se habla	*(it) is spoken*
	se llama	*he/she is called*
	¿seguro…?	*are you sure?*
	señor	*sir*
	señorita	*miss*
	ser	*to be*
	serio/a	*serious*
lo	**siento**	*I am sorry*
la	**silla f**	*chair*
	simpático/a	*nice, kind*
	sobre	*on*
la	**sobrina f**	*niece*
el	**sobrino m**	*nephew*
	solo	*only*
	son	*(they) are*
	soy	*I am*
	su, sus	*his/her/their*
el	**supermercado m**	*supermarket*
el	**sur m**	*south*

T

	también	*also*
	te llamas	*you are called*
el	**teléfono m**	*telephone*
la	**telenovela f**	*soap opera*
	tener	*to have*
	tengo… años	*I am… years old*
	tengo calor	*I am hot*
	tengo frío	*I am cold*
	tengo hambre	*I am hungry*
	tengo sed	*I am thirsty*
el	**tenis m**	*tennis*

	terrible	*awful*
la	**tía f**	*aunt*
el	**tiempo m**	*weather*
	tiene… años	*he/she is… years old*
	tímido/a	*shy*
el	**tío m**	*uncle*
	tocar la guitarra	*to play the guitar*
el	**tomate m**	*tomato*
	trabajador(a)	*hard-working*
la	**trenza f**	*plait, braid*
el	**trimestre m**	*term*
	tu, tus	*your*

V

las	**vacaciones escolares fpl**	*school holidays*
	vale	*okay*
	valiente	*brave*
	vamos	*we go*
el	**vaso m**	*glass*
la	**ventana f**	*window*
el	**ventilador m**	*fan*
el	**verano m**	*summer*
	verde	*green*
	viejo/a	*old*
	vive	*he/she lives*
	vives	*you live*
	vivir	*to live*
	vivo	*I live*
el	**voleibol m**	*volleyball*

Y

	y cuarto	*quarter past*
	y media	*half past*
	¿y tú?	*and you?*

Vocabulario

Inglés – Español

A

address		la dirección f
adventure (adj.)		de aventura
aeroplane		el avión m
airport		el aeropuerto m
also		también
American		estadounidense
Antiguan		antigüense
apple		la manzana f
April		abril
Argentinian		argentino/a
athletics		el atletismo m
August		agosto
aunt		la tía f
autumn		el otoño m
avenue		la avenida f

B

	bad	mal
the weather is	bad	hace mal tiempo
	ballpoint pen	el bolígrafo m
	banana	el plátano m
	bank	el banco m
	baseball	el béisbol m
	basketball	el baloncesto m
to	be	ser, estar
to	be … years old	tener… años
to	be called	llamarse
to	be sorry	sentirlo
	beard	la barba f
	behind	detrás de
	below	debajo de
	between	entre
	big	grande

B (continued)

	birthday	el cumpleaños m
	black	negro/a
	blackboard	la pizarra f
	blond	rubio/a
	blue	azul
	board rubber	el borrador m
	Bolivian	boliviano/a
	boring	aburrido/a
	braid	la trenza f
	brave	valiente
	bread	el pan m
	brother	el hermano m
	brown (eye colour)	marrón
	brown (hair colour)	castaño/a
	but	pero

C

	calculator	la calculadora f
	capital (city)	la capital f
	Caribbean (adj.)	caribeño/a
	the Caribbean	el Caribe m
	cartoon (adj.)	de dibujos animados
	cathedral	la catedral f
	centre	el centro m
	chair	la silla f
	cheese	el queso m
	chess	el ajedrez m
	chicken	el pollo m
	Chilean	chileno/a
it is	chilly	hace fresco
	Chinese	chino/a
	chocolate	el chocolate m
	Christmas Day	el Día de Navidad m

	Christmas Eve	la Nochebuena f
	church	la iglesia f
	city	la ciudad f
	classmate	el compañero de clase m
	clever	inteligente
it is	cloudy	está nublado
	coast	la costa f
	coffee	el café m
it is	cold	hace frío
to be	cold	tener frío
	Colombian	colombiano/a
	computer	la computadora f
	congratulations	felicitaciones
	country	el país m
	cousin	el primo m
	cricket	el criquet m
	Cuban	cubano/a
	cupboard	el armario m
	curly	rizado/a

D

	date	la fecha f
	daughter	la hija f
	day	el día m
	day after tomorrow	pasado mañana
	day before yesterday	anteayer
	December	diciembre
	departure	la salida f
	desk	el pupitre m
	detective (adj.)	policíaco/a
	diary	la agenda f
	dictionary	el diccionario m
	difficult	difícil
	district	el barrio m
	divided by	entre
	doctor	el médico m
	dog	el perro m
	door	la puerta f
	dry season	la estación seca f
	Dutch	holandés/ holandesa

E

east	el este m
easy	fácil

Ecuadorean	ecuatoriano/a
eight	ocho
eighteen	dieciocho
eighty	ochenta
elegant	elegante
eleven	once
eraser	la goma f
exercise book	el cuaderno m

F

	fan (ceiling)	el ventilador m
	fantastic	fantástico/a chévere (Venezuela only)
	far from	lejos de
	fat	gordo/a
	father	el padre m
	February	febrero
	felt tip	el marcador m
	fifteen	quince
	fifty	cincuenta
	film	la película f
the weather is	fine	hace buen tiempo
	fish	el pescado m
	five	cinco
	it is foggy	hay niebla
	food	la comida f
	forty	cuarenta
	fountain pen	la pluma f
	four	cuatro
	fourteen	catorce
	freckles	las pecas fpl
	French	francés/francesa
	Friday	el viernes m
	fried	frito/a
	funny	cómico/a

G

	glass	el vaso m
to	go	ir
to	go shopping	ir de compras
	good (well)	bien
	good-looking	guapo/a
	good afternoon	buenas tardes
	good bye	adiós
	good evening	buenas tardes

good morning	*buenos días*	
good night	*buenas noches*	
grandchild	*el nieto m*	
grandfather	*el abuelo m*	
grandmother	*la abuela f*	
green	*verde*	
grey	*gris*	
Guatemalan	*guatemalteco/a*	
guitar	*la guitarra f*	

H

hair	*el pelo m*	
hairdresser's	*la peluquería f*	
half past	*y media*	
ham	*el jamón m*	
happy birthday	*feliz cumpleaños,*	
	felicitaciones	
hard-working	*trabajador(a)*	
to have	*tener*	
hello	*hola*	
here	*aquí*	
highway	*la carretera f*	
holidays	*las vacaciones fpl*	
Honduran	*hondureño/a*	
horror (adj.)	*de horror*	
hospital	*el hospital m*	
it is hot	*hace calor*	
to be hot	*tener calor*	
house	*la casa f*	
how are you?	*¿qué tal?*	
how many?	*¿cuántos?*	
how?	*¿cómo?*	
one hundred	*cien, ciento*	
to be hungry	*tener hambre*	
hurricane	*el huracán m*	
husband	*el marido m*	

I

ice cream	*el helado m*	
in	*en*	
in front of	*delante de*	
Indian	*indio/a*	
interesting	*interesante*	
interior	*el interior m*	
to introduce	*presentar*	
Italian	*italiano/a*	

J

Jamaican	*jamaicano/a*	
January	*enero*	
juice	*el jugo m*	
July	*julio*	
June	*junio*	

K

king	*el rey m*	
to know	*saber*	
I know	*sé*	

L

language	*la lengua f*	
lazy	*perezoso/a*	
to learn	*aprender*	
lemonade	*la limonada f*	
lettuce	*la lechuga f*	
light	*la luz f*	
I like	*me gusta*	
to live	*vivir*	
lively	*alegre*	
long	*largo/a*	
to look	*mirar*	

M

man	*el señor m,*	
	el hombre m	
mango	*el mango m*	
March	*marzo*	
May	*mayo*	
meat	*la carne f*	
of medium build	*de estatura*	
	mediana	
Mexican	*mexicano/a*	
midday	*el mediodía m*	
midnight	*la medianoche f*	
milk	*la leche f*	
milkshake	*el batido m*	
minus	*menos*	
Monday	*el lunes m*	
month	*el mes m*	
mother	*la madre f*	
mountain	*la montaña f*	
moustache	*el bigote m*	

	multiplied by	*por*
	my	*mi, mis*

N

	name (given name)	*el nombre m*
	near	*cerca de*
to	need	*necesitar*
	neighbourhood	*el barrio m*
	nephew	*el sobrino m*
	new	*nuevo/a*
	New Year's Day	*el día de Año Nuevo m*
	New Year's Eve	*la Nochevieja f*
	news	*las noticias fpl*
	next to	*al lado de*
	nice	*simpático/a*
	niece	*la sobrina f*
	nine	*nueve*
	nineteen	*diecinueve*
	ninety	*noventa*
	normally	*normalmente*
	north	*el norte m*
	not at all	*de nada*
	November	*noviembre*
	now	*ahora*
	number	*el número m*

O

	October	*octubre*
	okay	*regular, más o menos*
	old	*viejo/a*
	on	*sobre, en*
	on top of	*encima de*
	one	*uno*
	open	*abierto/a*
	opposite	*enfrente de*
	orange	*la naranja f*
	orange (colour)	*anaranjado/a*
	our	*nuestro/a/os/as*

P

	parents	*los padres mpl*
	park	*el parque m*

	pencil	*el lápiz m*
	pencil case	*el estuche m*
	pencil sharpener	*el sacapuntas m*
	people	*la gente f, las personas fpl*
	per cent	*por ciento*
	person	*la persona f*
	Peruvian	*peruano/a*
	pineapple	*la piña f*
	pink	*de color rosado*
to	play (game)	*jugar*
to	play (musical instrument)	*tocar*
	please	*por favor*
	pleased to meet you	*encantado/a, mucho gusto*
	plus	*más*
	police station	*la comisaría f*
	policeman	*el policía m*
	population	*la población f*
	port	*el puerto m*
	Portuguese	*portugués/ portuguesa*
	potato	*la papa f*
to	prefer	*preferir*
	Puerto Rican	*puertorriqueño/a*
	pupil	*el alumno m, la alumna f*

Q

	quarter past	*y cuarto*
	quarter to	*menos cuarto*
	queen	*la reina f*
	quiet	*callado/a*

R

it is	raining	*está lloviendo*
it	rains	*llueve*
	rainy season	*la estación de lluvias f*
	red	*rojo/a*
	red-haired	*pelirrojo/a*
	restaurant	*el restaurante m*
	rice	*el arroz m*
	ring binder	*la carpeta f*

	road	la calle f
	romantic	romántico/a
	ruler	la regla f

S

	sandwich	el sándwich m
	Saturday	el sábado m
	school	el colegio m
	schoolbag	la mochila f
	science-fiction (adj.)	de ciencia-ficción
	sea	el mar m
	see you soon	hasta luego, hasta pronto
	see you tomorrow	hasta mañana
	September	septiembre
	serious	serio/a
	seven	siete
	seventeen	diecisiete
	seventy	setenta
	shaven	rapado/a
	shelves	la estantería f
	short (in height)	bajo/a
	short (in length)	corto /a
	shut	cerrado/a
	shy	tímido/a
	sister	la hermana f
	six	seis
	sixteen	dieciséis
	sixty	sesenta
	small	pequeño/a
it is	snowing	está nevando
it	snows	nieva
	soft drink	el refresco m
	sometimes	a veces
	son	el hijo m
I am	sorry	lo siento
	sorry, excuse me	perdón
	south	el sur m
	Spain	España
	Spanish	español(a)
to	speak	hablar
	sports	los deportes mpl
	spring	la primavera f
	square (in a town)	la plaza f
	stadium	el estadio m

	stepbrother	el hermanastro m
	stepfather	el padrastro m
	stepmother	la madrastra f
	stepsister	la hermanastra f
it is	stormy	hay tormenta
	straight	liso/a
	strange	raro/a
	strawberry	la fresa f
	street	la calle f
	summer	el verano m
	Sunday	el domingo m
it is	sunny	hace sol
	supermarket	el supermercado m
	sure	seguro
	surname, family name	el apellido m
	swimming	la natación f
	swimming pool	la piscina f

T

	table	la mesa f
	talkative	hablador(a)
	tall	alto/a
	tea	el té m
	teacher	el profesor m
	telephone number	el número de teléfono m
	ten	diez
	tennis	el tenis m
	term	el trimestre m
	textbook	el libro m
	thank you	gracias
	there is/are	hay
	these (ones)	estos, estas
	thief	el ladrón m
	thin	delgado/a
	to be thirsty	tener sed
	thirteen	trece
	thirty	treinta
	this (one)	este, esta
	three	tres
	Thursday	el jueves m
	time	la hora f
	Tobagan	tobagüense
	today	hoy
	tomato	el tomate m

tomorrow	*mañana*	
town	*el pueblo m*	
Trinidadian	*trinitario/a*	
Tuesday	*el martes m*	
twelve	*doce*	
twenty	*veinte*	
two	*dos*	

U

ugly	*feo/a*	
uncle	*el tío m*	
uniform (school)	*el uniforme escolar m*	
unkind	*antipático/a*	

V

vegetarian	*vegetariano/a*	
Venezuelan	*venezolano/a*	
very	*muy*	
very bad	*terrible*	
village	*el pueblo m*	
volleyball	*el voleibol m*	

W

to want	*querer*	
war (adj.)	*de guerra*	
wastepaper bin	*la papelera f*	
water	*el agua f*	
wavy	*ondulado/a*	

weather	*el tiempo m*	
Wednesday	*el miércoles m*	
welcome	*bienvenido/a*	
west	*el oeste m*	
what?	*¿qué?*	
where?	*¿dónde?*	
which?	*¿cuál?*	
white	*blanco/a*	
wife	*la esposa f*	
window	*la ventana f*	
it is windy	*hace viento*	
winter	*el invierno m*	
woman	*la señora f, la mujer f*	
to write	*escribir*	

Y

yellow	*amarillo/a*	
yesterday	*ayer*	
young	*joven*	
young lady	*la señorita f*	
your	*tu/tus, su/sus*	

Z

zoo	*el parque zoológico m*	

OXFORD
UNIVERSITY PRESS

Great Clarendon Street, Oxford, OX2 6DP,
United Kingdom

Oxford University Press is a department of the
University of Oxford.
It furthers the University's objective of excellence in
research, scholarship, and education by publishing
worldwide. Oxford is a registered trade mark of
Oxford University Press in the UK and in certain
other countries

Text © Christine Haylett 2018
Original illustrations © Oxford University Press 2018

The moral rights of the authors have been asserted

First published by Nelson Thornes Ltd in 2007
This edition published by Oxford University Press
in 2018

British Library Cataloguing in Publication Data
Data available

978-0-19-842586-1

13

Paper used in the production of this book is a
natural, recyclable product made from wood grown
in sustainable forests. The manufacturing process
conforms to the environmental regulations of the
country of origin.

Printed in China by Golden Cup

Acknowledgements

The publisher and authors would like to thank the
following for permission to use photographs and other
copyright material:

Cover: monkeybusinessimages/iStockphoto; **p6(b):**
Corel 25 (OUP); **p18(l, m):** Bananastock TF (OUP);
p18(r): Corel 730 (OUP); **p35(tl):** Colin Babb (OUP);
p35(tml, tr, m): Instant Art Signs (OUP); **p35(tmr,
l, r):** Colin Babb (OUP); **p40(l, r):** Makc/Shutterstock;
p40(b): Stockdisc 128 (OUP); **p46(t), 87:** s_bukley/
Shutterstock; **p46(mt), 87:** Dfree/Shutterstock;
p46(m), 87: lev radin/Shutterstock; **p46(mb), 87:**
Maxisport/Shutterstock; **p46(b), 87:** Denis Makarenko/
Shutterstock; **p47(t), 87:** Kathy Hutchins/Shutterstock;
p47(mt), 87: Action Sports Photography/Shutterstock;
p47(m), 87: Dfree/Shutterstock; **p47(mb), 87:**
mooinblack/Shutterstock; **p47(b), 87:** Featureflash
Photo Agency/Shutterstock; **p53:** SC Image/
Shutterstock; **p62:** Ian Nellist/Alamy Stock Photo;
p63(t): AGIF/Shutterstock; **p63(m):** Kevin Mazur/Getty
Images; **p63(b):** Allstar Picture Library/Alamy Stock
Photo; **p64(t):** PRISMA ARCHIVO/Alamy Stock Photo;
p64(m): Joe Seer/Shutterstock; **p64(b):** Bettman/Getty
Images; **p65:** Kathy Hutchins/Shutterstock; **p70(tl):**
360b/Alamy Stock Photo; **p70(tr):** dpa picture alliance/
Alamy Stock Photo; **p70(bl):** Gtres Información más
Comuniación on line,S.L./Alamy Stock Photo; **p70(br):**
Carlos Alvarez/Getty Images; **p73:** Ryan McVay/
Photodisc 70 (OUP); **p73:** AVA Bitter/Shutterstock;
p74: Colin Babb (OUP); **p85:** Allstar Picture Library/
Alamy Stock Photo; **p109(l):** robertharding/
Superstock; **p109(r):** Neil Beer/Photodisc 22B (OUP);
p126(l): S Meltzer/Photodisc 24 (OUP); **p126(ml):**
Corbis V170 (OUP); **p126(mr):** Corbis V170 (OUP);
p126(r): Nick Koudis/Photodisc 37 (OUP); **p131:**
Shawn Banton.

Artwork by Mark Draisey, Mike Bastin, KJA, Roger
Penwill, David Russell, and Sarah Wimperis.

Although we have made every effort to trace
and contact all copyright holders before
publication this has not been possible in
all cases. If notified, the publisher will rectify
any errors or omissions at the earliest opportunity.

Links to third party websites are provided by
Oxford in good faith and for information only.
Oxford disclaims any responsibility for the
materials contained in any third party website
referenced in this work.

DEDICATION

This second edition of ¿Qué hay? is dedicated
to the memory of our dear colleague, Georgia
Pinnock. Her calm professionalism, her quiet sense
of fun, and her extremely helpful contributions
were invaluable, and will continue to inspire.
Grateful thanks are also due to Yorley Mendez for
her invaluable help in the preparation of the book.